Die
Losungen
der Herrnhuter Brüdergemeine für das Jahr
2020

290. Ausgabe

Herausgegeben von der

Evangelischen Brüder-Unität

im Friedrich Reinhardt Verlag, Lörrach/Basel

Evangelische Brüder-Unität
Zittauer Straße 20
02747 Herrnhut
Telefon (03 58 73) 487 - 0
Fax (03 58 73) 487 - 99

Evangelische Brüder-Unität
Badwasen 6
73087 Bad Boll
Telefon (0 71 64) 94 21 - 0
Fax (0 71 64) 94 21 - 99

E-Mail: losungen@ebu.de
Internet: www.losungen.de

ISBN 978-3-7245-2333-8 (kartoniert)
ISBN 978-3-7245-2334-5 (gebunden)

Impressum:

Herausgegeben von der Evangelischen Brüder-Unität im Friedrich Reinhardt Verlag, Lörrach/Basel

Gestaltung: feinherb, Visuelle Gestaltung, Basel. Philipp Stamm.
Druck und Bindung: CPI – Ebner & Spiegel, Ulm. Printed in Germany.

Die Jahreslosung 2020:

Ich glaube; hilf meinem Unglauben!

Markus 9,24

Geleitwort zur 290. Ausgabe der Losungen

Liebe Leserinnen und Leser!

Man nehme für jeden Tag des Jahres ein Wort aus dem ersten Teil der Bibel, stelle eines aus dem zweiten Teil dazu und beschließe das Ganze mit einem Choral oder einem Gebet. So das Rezept für die Losungen! Und doch fragen Losungsleser zum Beispiel: Warum wird in letzter Zeit häufig vor dem Bibelwort ein Hinweis gegeben, wer hier zu wem spricht? Die diesjährige Jahreslosung – übrigens von der ÖAB ausgewählt – würde dann so beginnen: »Der Vater des besessenen Jungen sprach zu Jesus…« Die Folgen sind offensichtlich: Erstens würde die Jahreslosung ein gutes Stück ihres Motto-Charakters einbüßen. Und zweitens, vielleicht gravierender: Sie und ich könnten sich nicht einfach das »Ich« zu eigen machen. Dazu sind aber Jahreslosung und die täglichen Losungen genau gedacht: Dass verschiedenste Menschen in den unterschiedlichsten Situationen sie sich als persönliches Tagesmotto aneignen. So wird ein Zuspruch an Abraham, Hanna oder Hiob Gottes Stimme an mich heute. Oder ich stimme in die Jahreslosung ein – und merke plötzlich, wie nahe vielleicht auch bei mir Glaube und Nicht-glauben-Können beieinander sind. Gut also, wenn die Jahreslosung ohne alle Umschweife »Ich« sagt. Andererseits: Wenn ich weiß, diese Worte sind die eines verzweifelten Vaters, der Jesus um die Heilung seines psychisch kranken Sohnes bittet, dann verstehe ich die Jahreslosung vielleicht ein Stück besser. Viele von uns kennen Situationen, in denen die Not groß ist und Verzweiflung oder Angst den Glauben aufzufressen drohen. Dass Jesus den Sohn heilt, obwohl der Vater ihm seinen Unglauben nicht verschweigt, kann uns Mut machen für Zeiten, in denen auch wir alles andere als Glaubenshelden und -heldinnen sind. Daher: Manchmal lohnt es sich, den biblischen Zusammenhang der Losungen mitzuhören. Lassen Sie sich aber nicht abhalten, die jeweilige Tageslosung als Ihr ganz persönliches Wort für den Tag zu bedenken und mitzunehmen: ins Büro, in den Kindergarten, in die Ferien oder ins Krankenhaus. Überall wird es anders zum Klingen kommen. Überall können die biblischen Worte ihre heilsame Wirkung entfalten. Möge Gott in diesem Jahr auch durch die täglichen Losungen unser aller Unglauben zu Hilfe kommen.

Ihre Herrnhuter Brüdergemeine

EVANGELISCHE
BRÜDER-UNITÄT
HERRNHUTER BRÜDERGEMEINE

Themen für das tägliche Gebet

Sonntag: *Gottes Heil für die Menschen.*
Dank für die Auferstehung Jesu Christi und für Gottes Wort. Vollmacht für die Verkündigung und Segen für alle Hörerinnen und Hörer. Heiligung des Sonntags. Erneuerung des geistlichen Lebens, Einheit im Geist, Liebe. Fürbitte für die verschiedenen Kirchen und ihr gemeinsames Zeugnis.

Montag: *Dienst der Kirche in der Welt.*
Verkündigung des Evangeliums in der Welt. Geistliches Wachstum in den Gemeinden. Zeugnis des Glaubens und der Liebe. Ausbildung und Zurüstung der Mitarbeiterinnen und Mitarbeiter zum Dienst in Kirche und Gesellschaft. Mission und Evangelisation. Medizinische Arbeit.

Dienstag: *Familie, Schule, Beruf.*
Verwandte, Freunde, Patenkinder, Ehe, Familie, Alleinerziehende, Erziehung. Kindergärten, Schulen, Heime, Lehrer, Erzieher. Weitergabe des Glaubens an die nächste Generation, Religionsunterricht. Arbeit im Haus und am Arbeitsplatz. Tägliches Brot. Bewährung des Glaubens im Alltag.

Mittwoch: *Unsere Nächsten.*
Nachbarn, Arbeitskollegen, Geschäftspartner. Arbeitslose. Hilfe und Trost für Schwache, Kranke, Sterbende, Blinde, Gehörlose, alle Behinderten, Waisen, Verwitwete und Alleinstehende, Gebundene und Angefochtene, Gefangene, Obdachlose, Opfer von Unterdrückung und Gewalt. Diakonie: Mutterhäuser, Brüderhäuser, Gemeindepflege, Heime, pflegerische Arbeit, Fürsorge.

Donnerstag: *Gesellschaft.*
Frieden zwischen Völkern und Volksgruppen. Gerechtigkeit und Aufrichtigkeit im Zusammenleben. Männer und Frauen in leitender Stellung in Gesellschaft, Staat, Wirtschaft und Kirche. Überwindung des Völker- und Rassenhasses. Ausländer. Menschen auf der Flucht. Bewahrung vor Missbrauch aller Machtmittel. Achtung vor der Schöpfung. Schutz für das ungeborene Leben. Weisheit im Umgang mit den medizinischen Möglichkeiten. Glaube an Gottes Führung in der Welt und an seine Macht, Wunden zu heilen.

Freitag: *Unsere Kirche und Gemeinde.*
Dank für das Erlösungswerk Jesu Christi am Kreuz. Sündenerkenntnis und neue Geistesausgießung, Stärkung aller Gemeindemitglieder, Bereitschaft zur Mitarbeit als Haushalter

Gottes. Vollmacht für alle, die zum Dienst der Verkündigung und der Seelsorge berufen sind. Christen in der Verfolgung. Segen für die Arbeit am Losungsbuch und für seine Leserinnen und Leser.

Samstag: *Rückblick und Ausblick.*
Dank für Gottes Gaben und Geleit durch die Woche. Bitte um Vergebung für Unterlassungen und Übertretungen. Segen für den Sonntag. Fürbitte für Israel, das Volk des ersten Bundes Gottes. Vorbereitung der Kirche Jesu Christi auf seine Wiederkunft. Freude auf die ewige Herrlichkeit.

Erklärung zum Aufbau der Losungen

1 **Habe deine Lust am Herrn; der wird dir geben, was dein Herz wünscht.** *Psalm 37,4*

2 **Alles, was ihr betet und bittet, glaubt nur, dass ihr's empfangt, so wird's euch zuteilwerden.** *Markus 11,24*

3 Meinen Jesus lass ich nicht. Ach was könnt mich besser laben? Ruhe, Freude, Trost und Licht kann ich alles bei ihm haben. Alles, was Vergnügung gibt, hab ich, weil mich Jesus liebt.
BG 446,1 4 Benjamin Schmolck 5

6 *Kl: 2. Mose 2,1–10 :: Bl: Markus 1,9–13* 7

1 **Losung des Tages:** Sie wird jedes Jahr in Herrnhut aus ca. 1800 alttestamentlichen Bibelversen ausgelost.

2 **Lehrtext:** Er stammt immer aus dem Neuen Testament und wird, thematisch passend, zur Losung ausgesucht. Er

stammt häufig aus der fortlaufenden Bibellese (siehe Pkt. 7). Losung und Lehrtext laden ein, die biblischen Texte in ihrem Zusammenhang zu lesen und zu verstehen.

3 **Dritter Text:** Er ist meistens ein Lied, Gebet oder ein bekenntnisartiger Text, der zum Gebet hinführen soll.

4 **Nummerierung:** Sie richtet sich nach dem Evangelischen Gesangbuch (EG). Bei »BG« vor der Nummer stammt das Lied aus dem Gesangbuch der Herrnhuter Brüdergemeine von 2007.

5 **Verfasserangabe:** Ein (*) verweist auf den Bearbeiterkreis der Losungen.

6 **Erste Lesung:** Diese »Kirchenjahreslese« (Kl) wird von der »Liturgischen Konferenz in der Evang. Kirche in Deutschland« (EKD) verantwortet. Sie bildet mit dem Thema des Sonntags, Wochenspruch, Evangelium (Ev), Brieflesung / Epistel (Ep), der alttestamentlichen Lesung (AT) und dem Predigttext (Pr) der neuen »Ordnung gottesdienstlicher Texte und Lieder« eine Einheit. Bei den Wochenliedern konnten Alternativangebote nur aus dem Stammteil des EG aufgenommen werden.

7 **Zweite Lesung:** Diese »Fortlaufende Bibellese« (Bl) – sie bietet in 4 Jahren alle Texte des Neuen Testaments, in 8 Jahren wesentliche Teile des Alten Testaments und an den Sonntagen Psalm-Lesungen – wird von der »Ökumenischen Arbeitsgemeinschaft für Bibellesen« (ÖAB) verantwortet. Aus den Monatsabschnitten dieser Texte wählt die ÖAB die Monatssprüche und aus allen Texten der Bibellese die Jahreslosung aus (www.oeab.de).

JANUAR

Monatsspruch: Gott ist treu. *1. Korinther 1,9*

NEUJAHR

Jesus Christus gestern und heute und derselbe auch in Ewigkeit. *Hebräer 13,8*

Lied: 64

Ev: Lukas 4,16–21 :: Ep: Jakobus 4,13–15
AT: Josua 1,1–9 :: Pr: Johannes 14,1–6 :: Bl: Psalm 121

1. Mittwoch **Gott, du hast uns geprüft und geläutert, wie das Silber geläutert wird.** *Psalm 66,10*

Wir wissen, dass Bedrängnis Geduld bringt, Geduld aber Bewährung, Bewährung aber Hoffnung, Hoffnung aber lässt nicht zuschanden werden; denn die Liebe Gottes ist ausgegossen in unsre Herzen durch den Heiligen Geist, der uns gegeben ist. *Römer 5,3–5*

Vertraut den neuen Wegen und wandert in die Zeit! Gott will, dass ihr ein Segen für seine Erde seid. Der uns in frühen Zeiten das Leben eingehaucht, der wird uns dahin leiten, wo er uns will und braucht.
395,2 Klaus-Peter Hertzsch

2. Donnerstag **Gott der HERR wird die Tränen von allen Angesichtern abwischen.** *Jesaja 25,8*

Seid fröhlich in Hoffnung, geduldig in Trübsal, beharrlich im Gebet. *Römer 12,12*

Die Nacht ist vorgedrungen, der Tag ist nicht mehr fern. So sei nun Lob gesungen dem hellen Morgenstern! Auch wer zur Nacht geweinet, der stimme froh mit ein. Der Morgenstern bescheinet auch deine Angst und Pein. 16,1 Jochen Klepper

Kl: Josua 24,1–2a.13–18.25–26 :: Bl: Markus 1,1–8

3. Freitag **Habe deine Lust am Herrn; der wird dir geben, was dein Herz wünscht.** *Psalm 37,4*

Alles, was ihr betet und bittet, glaubt nur, dass ihr's empfangt, so wird's euch zuteilwerden. *Markus 11,24*

Meinen Jesus lass ich nicht. Ach was könnt mich besser laben? Ruhe, Freude, Trost und Licht kann ich alles bei ihm haben. Alles, was Vergnügung gibt, hab ich, weil mich Jesus liebt. BG 446,1 Benjamin Schmolck

Kl: 2. Mose 2,1–10 :: Bl: Markus 1,9–13

4. Samstag **Du sollst nicht töten.** *2. Mose 20,13*

Liebt eure Feinde; tut wohl denen, die euch hassen; segnet, die euch verfluchen; bittet für die, die euch beleidigen. *Lukas 6,27–28*

Haben wir das Gebot schon erfüllt, wenn wir unseren Nächsten nicht töten? Nein. Indem Gott Neid, Hass und Zorn verdammt, will er, dass wir unseren Nächsten lieben wie uns selbst, ihm Geduld, Frieden, Sanftmut, Barmherzigkeit und Freundlichkeit erweisen, Schaden, so viel uns möglich, von ihm abwenden, und auch unseren Feinden Gutes tun.

Heidelberger Katechismus, Frage 107

Kl: 1. Mose 21,1–7 :: Bl: Markus 1,14–20

2. SONNTAG NACH WEIHNACHTEN

Wir sahen seine Herrlichkeit, eine Herrlichkeit als des eingeborenen Sohnes vom Vater, voller Gnade und Wahrheit. *Johannes 1,14b*

Wochenlied: 56 oder 73
Ev: Lukas 2,41–52 :: Ep: 1. Johannes 5,11–13
Pr/AT: Jesaja 61,1–3(4.9)10–11 :: Bl: Psalm 138

5. Sonntag **Viele sagen: »Wer wird uns Gutes sehen lassen?« Herr, lass leuchten über uns das Licht deines Antlitzes!** *Psalm 4,7*

Jesus spricht: **Ich bin das Licht der Welt. Wer mir nachfolgt, der wird nicht wandeln in der Finsternis, sondern wird das Licht des Lebens haben.**

Johannes 8,12

Von Gott kommt mir ein Freudenschein, wenn du mich mit den Augen dein gar freundlich tust anblicken. Herr Jesu, du mein trautes Gut, dein Wort, dein Geist, dein Leib und Blut mich innerlich erquicken. Nimm mich freundlich in dein Arme, und erbarme dich in Gnaden; auf dein Wort komm ich geladen.
70,4 Philipp Nicolai

FEST DER ERSCHEINUNG DES HERRN EPIPHANIAS

Die Finsternis vergeht und das wahre Licht scheint schon. *1. Johannes 2,8b*

Lied: 70
Ev: Matthäus 2,1–12 :: Pr/Ep: Epheser 3,1–7
AT: Jesaja 60,1–6 :: Bl: Markus 1,21–28

6. Montag **Warum sprichst du denn, Jakob, und du, Israel, sagst: »Mein Weg ist dem Herrn verborgen, und mein Recht geht an meinem Gott vorüber?«**

Jesaja 40,27

Der feste Grund Gottes besteht und hat dieses Siegel: Der Herr kennt die Seinen. *2. Timotheus 2,19*

Werde licht! Aus Nacht und Sorgen mach dich auf und werde licht! Schau doch, wie ein neuer Morgen über deinem Haupt anbricht. Gott hat derer nicht vergessen, die im Finstern sind gesessen. BG 221,1 Johann Rist

7. Dienstag **Ich selbst will, spricht der Herr, eine feurige Mauer rings um Jerusalem her sein.**

Sacharja 2,9

Ist Gott für uns, wer kann wider uns sein?

Römer 8,31

Herr Gott, Vater unsers Herrn Jesus Christus, wir danken dir, dass deine Liebe zu uns stärker ist als alles, was unser Leben bedroht. Wir bekennen vor dir, dass wir oft die Mächte und Gewalten für wirksamer halten als dich und deine Liebe. Vergib uns, lieber Herr! Wir bitten dich demütig, schenke uns Standhaftigkeit, auf deine Verheißungen zu warten. Schütte über uns aus die Fülle deines Trostes und deines Friedens.

Aus der Liturgie des Weltgebetstages 1957

Kl: 1. Johannes 3,1–6 :: Bl: Markus 1,29–39

8. Mittwoch **Deine Güte, Herr, sei über uns, wie wir auf dich hoffen.** *Psalm 33,22*

Lasst uns festhalten an dem Bekenntnis der Hoffnung und nicht wanken; denn er ist treu, der sie verheißen hat. *Hebräer 10,23*

Hoffnung kann das Herz erquicken; was ich wünsche, wird sich schicken, wenn es meinem Gott gefällt. Meine Seele, Leib und Leben hab ich seiner Gnad ergeben und ihm alles heimgestellt. 352,4 Nürnberg 1676

Kl: 4. Mose 24,15–17a(17b–19) :: Bl: Markus 1,40–45

9. Donnerstag **Gott rüstet mich mit Kraft.** *Psalm 18,33*

Paulus schreibt an Philemon: **Ich danke meinem Gott allezeit, wenn ich deiner gedenke in meinen Gebeten, dass dein Glaube, den wir miteinander haben, kräftig werde in Erkenntnis all des Guten bei uns, auf Christus hin.** *Philemon 4.6*

Hilf unserm Glauben, wenn mutlos wir werden;/Lichtblick und Freude erblühen aus dir./Dein Reich des Friedens lass wachsen auf Erden;/Werkzeuge deiner Verheißung sind wir. Lehr uns, aus Glaube und Liebe zu handeln/und so uns selbst und die Welt zu verwandeln. Raymund Weber

Kl: Epheser 4,17–24 :: Bl: Markus 2,1–12

10. Freitag **Ein Gerechter ist selbst im Tod geborgen.**
Sprüche 14,32

Ich bin gewiss, dass weder Tod noch Leben, weder Engel noch Mächte noch Gewalten, weder Gegenwärtiges noch Zukünftiges, weder Hohes noch Tiefes noch irgendeine andere Kreatur uns scheiden kann von der Liebe Gottes, die in Christus Jesus ist, unserm Herrn. *Römer 8,38–39*

Am letzten unsrer Tage umgibt uns noch dein Licht; drum keiner fürcht und zage, auch wenn das Herz ihm bricht. Mag Erdentrost ihm schwinden, auf dich nur darf er baun. Wir wollen's nicht ergründen, wir wollen nur vertraun. BG 942,4 Leipzig 1844

Kl: 1. Johannes 1,5–7 :: Bl: Markus 2,13–17

11. Samstag **Es ströme das Recht wie Wasser und die Gerechtigkeit wie ein nie versiegender Bach.**
Amos 5,24

Ihr wisst, die als Herrscher gelten, halten ihre Völker nieder, und ihre Mächtigen tun ihnen Gewalt an. Aber so ist es unter euch nicht; sondern wer groß sein will unter euch, der soll euer Diener sein.
Markus 10,42–43

Es segne uns der Gott des Friedens und der Gerechtigkeit. Er mache uns zu Friedensstiftern und zu Zeugen seiner Gerechtigkeit. Er öffne uns die Augen, damit wir sehen, was er sieht. Er bewahre uns vor gewalttätigem und geltungsbedürftigem Tun. Gott segne uns, er gebe uns ein starkes und geduldiges Herz. Eberhard Röhrig

Kl: Jesaja 66,18–23 :: Bl: Markus 2,18–22

Internationale Allianzgebetswoche

1. SONNTAG NACH EPIPHANIAS

Welche der Geist Gottes treibt, die sind Gottes Kinder.
Römer 8,14

Wochenlied: 410 oder 441
Pr/Ev: Matthäus 3,13–17 :: Ep: Römer 12,1–8
AT: Jesaja 42,1–9 :: Bl: Psalm 89,1–19

12. Sonntag **Gott offenbart, was tief und verborgen ist.** *Daniel 2,22*

O welch eine Tiefe des Reichtums, beides, der Weisheit und der Erkenntnis Gottes! Wie unbegreiflich sind seine Gerichte und unerforschlich seine Wege! *Römer 11,33*

Du bist in allem ganz tief verborgen, was lebt und sich entfalten kann. Doch in den Menschen willst du wohnen, mit ganzer Kraft uns zugetan. Herr, unser Herr, wie bist du zugegen, wo nur auf Erden Menschen sind. Bleib gnädig so um uns in Sorge, bis wir in dir vollkommen sind.

BG 354,4.5 Huub Oosterhuis/Peter Pawlowsky und Nikolaus Greitemann

13. Montag **Alle, die dich verlassen, müssen zuschanden werden; denn sie verlassen den HERRN, die Quelle des lebendigen Wassers.** *Jeremia 17,13*

Jesus spricht: **Die Zeit ist erfüllt, und das Reich Gottes ist nahe herbeigekommen. Tut Buße und glaubt an das Evangelium!** *Markus 1,15*

Ei, nimm ihn heut mit Freuden an, bereit ihm deines Herzens Bahn, auf dass er komm in dein Gemüt und du genießest seine Güt! BG 154,7 Michael Weiße

Kl: Apostelgeschichte 10,37–48 :: Bl: Markus 2,23–28

14. Dienstag **Ist's nicht so: Wenn du fromm bist, so kannst du frei den Blick erheben. Bist du aber nicht fromm, so lauert die Sünde vor der Tür, und nach dir hat sie Verlangen; du aber herrsche über sie.**

1. Mose 4,7

Jage aber nach der Gerechtigkeit, der Frömmigkeit, dem Glauben, der Liebe, der Geduld, der Sanftmut!

1. Timotheus 6,11

Ach Herr, gib Acht! In unsrer Macht steht's nicht, wohin wir gehen. Darum gib du dein Licht dazu, auf dass ich möge sehen. Dich setz ich mir zum Hüter hier der Sinne und Gedanken; leg du dich drein und halt sie fein in deines Willens Schranken.

BG 873,1.4 Erasmus Finx

Kl: 1. Korinther 2,11–16 :: Bl: Markus 3,1–6

15. Mittwoch **Der HERR sprach zu Gideon: Friede sei mit dir! Fürchte dich nicht, du wirst nicht sterben. Da baute Gideon dem HERRN dort einen Altar und nannte ihn: »Der HERR ist Friede«.** *Richter 6,23–24*

Lasst uns freimütig hinzutreten zu dem Thron der Gnade, auf dass wir Barmherzigkeit empfangen und Gnade finden und so Hilfe erfahren zur rechten Zeit.

Hebräer 4,16

Halt dich im Glauben an das Wort, das fest ist und gewiss; das führet dich zum Lichte fort aus aller Finsternis. Hier ist das Ziel, hier ist der Ort, wo man zum Leben geht; hier ist des Paradieses Pfort, die wieder offen steht. 73,5.8 Michael Müller

Kl: Römer 8,26–30 :: Bl: Markus 3,7–12

16. Donnerstag **Herr, die Erde ist voll deiner Güte; lehre mich deine Gebote.** *Psalm 119,64*

Alle Schrift, von Gott eingegeben, ist nütze zur Lehre, zur Zurechtweisung, zur Besserung, zur Erziehung in der Gerechtigkeit. *2. Timotheus 3,16*

Mein Herz hängt treu und feste an dem, was dein Wort lehrt. Herr, tu bei mir das Beste, sonst ich zuschanden werd. Wenn du mich leitest, treuer Gott, so kann ich richtig laufen den Weg deiner Gebot.
295,3 Cornelius Becker

Kl: Epheser 1,3–10 :: Bl: Markus 3,13–19

17. Freitag **Mose und Aaron gingen hinein zum Pharao und sprachen zu ihm: So spricht der Herr: Lass mein Volk ziehen, dass es mir diene!** *2. Mose 10,3*

Siehe, ich sende euch wie Schafe mitten unter die Wölfe. Darum seid klug wie die Schlangen und ohne Falsch wie die Tauben. *Matthäus 10,16*

Herr, du bist der Gott, der sein Volk aus der Sklaverei befreit und in die Freiheit geführt hat. Du sendest Menschen aus, deine Freudenbotschaft zu verkündigen und deine Kinder zu dir zu bringen. Du gibst uns Mut, aufzustehen und für die Freiheit zu kämpfen. Du bringst uns Menschen zusammen, um in Freiheit zu leben und fröhlich miteinander zu feiern. Du befreist uns von den Ketten der Vergangenheit. Du führst uns in dein zukünftiges Reich.

Gedenkgottesdienst 2013 zur Abschaffung der Sklaverei in Suriname im Jahr 1863

Kl: Kolosser 2,1–7 :: Bl: Markus 3,20–30

18. Samstag **Wo ist ein Gott im Himmel und auf Erden, der es deinen Werken und deiner Macht gleichtun könnte?** *5. Mose 3,24*

Von ihm und durch ihn und zu ihm sind alle Dinge. Ihm sei Ehre in Ewigkeit! *Römer 11,36*

Unendlich reich, ein Meer von Seligkeiten, ohn Anfang Gott und Gott in ewgen Zeiten! Herr aller Welt, wer ist dir gleich? Nichts, nichts ist mein, das Gott nicht angehöre. Herr, immerdar soll deines Namens Ehre, dein Lob in meinem Munde sein.

BG 48,4.12 Christian Fürchtegott Gellert

Kl: Matthäus 6,6–13 :: Bl: Markus 3,31–35

2. SONNTAG NACH EPIPHANIAS

Von seiner Fülle haben wir alle genommen Gnade um Gnade. *Johannes 1,16*

Wochenlied: 74 oder 398
Ev: Johannes 2,1–11 :: Ep: 1. Korinther 2,1–10
AT: 2. Mose 33,18–23 :: Pr: Jeremia 14,1(2)3–4(5–6)7–9
Bl: Psalm 133

19. Sonntag **Wenn sich der Ungerechte abkehrt von seiner Ungerechtigkeit, die er getan hat, und übt nun Recht und Gerechtigkeit, der wird sein Leben erhalten.** *Hesekiel 18,27*

Paulus schreibt: **Das ist gewisslich wahr und ein teuer wertes Wort: Christus Jesus ist in die Welt gekommen, die Sünder selig zu machen, unter denen ich der erste bin.** *1. Timotheus 1,15*

Friedenskinder wolln wir sein, Christus lädt uns dazu ein. In ihm sind wir neu geborn, mit ihm sind wir nicht verlorn. Durch sein Kreuz und Auferstehn muss Gewalt und Leid vergehn. Geist des Friedens, kehre ein, lass uns Friedensstifter sein.
BG 96,3 Menno Simons/Liliane Gerber

20. Montag **Wohl dem Menschen, dem der HERR die Schuld nicht anrechnet und in dessen Sinn nichts Falsches ist.** *Psalm 32,2*

Das Alte ist vergangen, siehe, Neues ist geworden. Aber das alles ist von Gott, der uns mit sich selber versöhnt hat durch Christus. *2. Korinther 5,17–18*

Schaff in mir, Herr, den neuen Geist, der dir mit Lust Gehorsam leist' und nichts sonst, als was du willst, will; ach Herr, mit ihm mein Herz erfüll.
390,2 Johann Friedrich Ruopp

Kl: 5. Mose 4,5–13 :: Bl: 1. Korinther 1,1–9

21. Dienstag **Ich bin der Herr, euer Gott, der euch aus Ägyptenland geführt hat, dass ihr nicht ihre Knechte bleibt, und habe euer Joch zerbrochen und habe euch aufrecht einhergehen lassen.**

3. Mose 26,13

Zur Freiheit hat uns Christus befreit! So steht nun fest und lasst euch nicht wieder das Joch der Knechtschaft auflegen! *Galater 5,1*

Wie Jesus Christus Gottes Zuspruch der Vergebung aller unserer Sünden ist, so und mit gleichem Ernst ist er auch Gottes kräftiger Anspruch auf unser ganzes Leben; durch ihn widerfährt uns frohe Befreiung aus den gottlosen Bindungen dieser Welt zu freiem, dankbarem Dienst an seinen Geschöpfen.

Barmer Theologische Erklärung von 1934

Kl: Römer 9,31–10,8 :: Bl: 1. Korinther 1,10–17

22. Mittwoch **Glaubt ihr nicht, so bleibt ihr nicht.**
Jesaja 7,9

Kämpfe den guten Kampf des Glaubens; ergreife das ewige Leben, wozu du berufen bist und bekannt hast das gute Bekenntnis vor vielen Zeugen.
1. Timotheus 6,12

Darum, du Gott der Gnaden, du Vater aller Treu, wend allen Seelenschaden und mach mich täglich neu; gib, dass ich deinen Willen gedenke zu erfüllen, und steh mir kräftig bei. 404,8 Ludwig Andreas Gotter

Kl: Galater 5,1–6 :: Bl: 1. Korinther 1,18–25

23. Donnerstag **Du hast meine Seele vom Tode errettet, mein Auge von den Tränen, meinen Fuß vom Gleiten.** *Psalm 116,8*

Jesus erlöste die, die durch Furcht vor dem Tod im ganzen Leben Knechte sein mussten. *Hebräer 2,15*

Herr, ich traue auf dich, denn auf dich ist Verlass, selbst wenn Eltern oder Kinder, Freunde oder Weggefährten, sogar die eigenen Kräfte und der Lebensmut mich verlassen. Du, Ziel meiner Flucht, gibst Trost und Vertrauen. Mit dir will ich aufstehen aus den Fesseln meiner Müdigkeit und dem Grab meiner Resignation. Volker Krolzik

Kl: Apostelgeschichte 15,22–31 :: Bl: 1. Korinther 1,26–31

24. Freitag **Alle hoffärtigen Augen werden erniedrigt, und die stolzen Männer müssen sich beugen; der HERR aber wird allein hoch sein an jenem Tage.**

Jesaja 2,11

Irret euch nicht! Gott lässt sich nicht spotten.

Galater 6,7

Du wollst in mir entzünden dein Wort, den schönen Stern, dass falsche Lehr und Sünden sein meinem Herzen fern. Hilf, dass ich dich erkenne und mit der Christenheit dich meinen König nenne jetzt und in Ewigkeit. 71,6 Martin Behm

Kl: Jeremia 14,1–9 :: Bl: 1. Korinther 2,1–9

25. Samstag **Weißt du nicht? Hast du nicht gehört? Der HERR, der ewige Gott, der die Enden der Erde geschaffen hat, wird nicht müde noch matt, sein Verstand ist unausforschlich.** *Jesaja 40,28*

Der Gott der Hoffnung erfülle euch mit aller Freude und Frieden im Glauben, dass ihr immer reicher werdet an Hoffnung durch die Kraft des Heiligen Geistes. *Römer 15,13*

Wir werden nie ergründen Tag, Leben, Tod und Nacht, wir können nur verkünden den, der ob allem wacht, die Wunder nur erzählen zum Preis des Herrn der Welt und ihm uns anbefehlen, der Erd und Himmel hält.

Arno Pötzsch

Kl: 5. Mose 33,1–4(7.12–16) :: Bl: 1. Korinther 2,10–16

Bibelsonntag

3. SONNTAG NACH EPIPHANIAS

Es werden kommen von Osten und von Westen, von Norden und von Süden, die zu Tisch sitzen werden im Reich Gottes. *Lukas 13,29*

Wochenlied: 293

Ev: Matthäus 8,5–13 :: Ep: Römer 1,13–17

AT: 2. Könige 5,(1–8)9–15(16–18)19a

Pr: Apostelgeschichte 10,21–35 :: Bl: Psalm 86

26. Sonntag **Du herrschest über das ungestüme Meer, du stillest seine Wellen, wenn sie sich erheben.** *Psalm 89,10*

Der Herr des Friedens gebe euch Frieden allezeit und auf alle Weise. *2. Thessalonicher 3,16*

Nun weiß und glaub ich feste, ich rühm's auch ohne Scheu, dass Gott, der Höchst und Beste, mein Freund und Vater sei und dass in allen Fällen er mir zur Rechten steh und dämpfe Sturm und Wellen und was mir bringet Weh. 351,2 Paul Gerhardt

27. Montag **Wer ruft die Geschlechter von Anfang her? Ich bin's, der HERR, der Erste, und bei den Letzten noch derselbe.** *Jesaja 41,4*

Gott hat das Wort dem Volk Israel gesandt und Frieden verkündigt durch Jesus Christus, welcher ist Herr über alles. *Apostelgeschichte 10,36*

Du, der du alle Völker liebst und deine Güte allen gibst: Dass jedem Volk geholfen sei, mach es von aller Knechtschaft frei. BG 105,4 Philadelphia 1849

Kl: Apostelgeschichte 16,9–15 :: Bl: 1. Korinther 3,1–8

28. Dienstag **Siehe, wenn Gott zerbricht, so hilft kein Bauen; wenn er jemand einschließt, kann niemand aufmachen.** *Hiob 12,14*

Das sagt der Heilige, der Wahrhaftige, der da hat den Schlüssel Davids, der auftut, und niemand schließt zu, und der zuschließt, und niemand tut auf: Ich kenne deine Werke. Siehe, ich habe vor dir eine Tür aufgetan, die niemand zuschließen kann. *Offenbarung 3,7–8*

Wer kann dich, Herr, verstehen, wer deinem Lichte nahn? Wer kann den Ausgang sehen von deiner Führung Bahn? Du lösest, was wir binden, du stürzest, was wir baun. Wir können's nicht ergründen, wir können nur vertraun. BG 942,1 Leipzig 1844

Kl: Römer 15,7–13 :: Bl: 1. Korinther 3,9–17

29. Mittwoch **Das geknickte Rohr wird er nicht zerbrechen, und den glimmenden Docht wird er nicht auslöschen.** *Jesaja 42,3*

Der Menschensohn ist gekommen, zu suchen und selig zu machen, was verloren ist. *Lukas 19,10*

Du gabst mir Trost, hast wunderbar mir Kräfte zugeteilt, und was in mir zerbrochen war, getragen und geheilt. Dein starker Arm, der mich umfängt, hat Schutz und Halt verliehn und mir das Leben neu geschenkt, als es verloren schien. BG 887,7.8 Detlev Block

Kl: Rut 1,1–8(9–15)16–19a(19b–21) :: Bl: 1. Korinther 3,18–23

30. Donnerstag **Du sollst den Geringen nicht vorziehen, aber auch den Großen nicht begünstigen.**

3. Mose 19,15

Haltet den Glauben an Jesus Christus, unsern Herrn der Herrlichkeit, frei von allem Ansehen der Person.

Jakobus 2,1

Durch Jesus werden wir zu Schwestern und Brüdern. Wie er wollen wir aufmerksam sein für Benachteiligte, einander wertschätzen – auch in Konflikten.

Aus dem Leitbild der Brüder-Unität

Kl: Apostelgeschichte 13,42–52 :: Bl: 1. Korinther 4,1–5

31. Freitag **Ich habe mein Herz vor dem HERRN ausgeschüttet.** *1. Samuel 1,15*

Alle eure Sorge werft auf ihn; denn er sorgt für euch.

1. Petrus 5,7

Bei dir, Jesu, will ich bleiben; halt mich fest, denn ich bin schwach. Hilf und stärke meinen Glauben, über Leib und Seele wach'. Alle Not will ich dir klagen, alles dir ins Herze sagen, bis du endest meinen Lauf, und dann hört mein Weinen auf.

BG 475,2 Georg Heinrich Loskiel

Kl: Kolosser 1,24–29 :: Bl: 1. Korinther 4,6–13

FEBRUAR

Monatsspruch: Ihr seid teuer erkauft; werdet nicht der Menschen Knechte. *1. Korinther 7,23*

1. Samstag **O dass du auf meine Gebote gemerkt hättest, so würde dein Friede sein wie ein Wasserstrom und deine Gerechtigkeit wie Meereswellen.** *Jesaja 48,18*

Jesus Christus wurde für uns zur Weisheit durch Gott und zur Gerechtigkeit und zur Heiligung und zur Erlösung. *1. Korinther 1,30*

Wer Gottes Wort kennt und steht dazu, wird hell sein wie ein Licht. Gerechtigkeit sucht sein scharfer Blick, gibt Signale in der Dämmerung, seine Weite reicht bis an den Horizont. Jan Janssen

Kl: Offenbarung 15,1–4 :: Bl: 1. Korinther 4,14–21

LETZTER SONNTAG NACH EPIPHANIAS

Über dir geht auf der Herr, und seine Herrlichkeit erscheint über dir. *Jesaja 60,2b*

Wochenlied: 67 oder 450

Ev: Matthäus 17,1–9 :: Ep: 2. Korinther 4,6–10

AT: 2. Mose 3,1–8a(8b.9)10(11–12)13–14(15)

Pr: Offenbarung 1,9–18 :: Bl: Psalm 135

---

2. Sonntag **Gott der Herr hilft mir, darum werde ich nicht zuschanden.** *Jesaja 50,7*

Gottes Hilfe habe ich erfahren bis zum heutigen Tag und stehe nun hier und bin sein Zeuge. *Apg. 26,22*

Hier sind die treuen Sinnen, die niemand Unrecht tun, all denen Gutes gönnen, die in der Treu beruhn. Gott hält sein Wort mit Freuden, und was er spricht, geschicht; und wer Gewalt muss leiden, den schützt er im Gericht. 302,4 Paul Gerhardt

3. Montag **Alle, die dem Herrn widerstehen, werden zu ihm kommen und beschämt werden.** *Jesaja 45,24*

Alle Zungen sollen bekennen, dass Jesus Christus der Herr ist, zur Ehre Gottes, des Vaters. *Philipper 2,11*

Erleuchte, die da sind verblend't, bring her, die sich von uns getrennt, versammle, die zerstreuet gehn, mach feste, die im Zweifel stehn. So werden sie mit uns zugleich auf Erden und im Himmelreich hier zeitlich und dort ewiglich für solche Gnade preisen dich.
72,5.6 Johann Heermann

Kl: 2. Korinther 3,(9–11)12–18 :: Bl: 1. Korinther 5,1–8

4. Dienstag **Die Elenden und Armen suchen Wasser, und es ist nichts da, ihre Zunge verdorrt vor Durst. Aber ich, der Herr, will sie erhören.** *Jesaja 41,17*

Ich will dem Durstigen geben von der Quelle des lebendigen Wassers umsonst. *Offenbarung 21,6*

Erbarme dich aller armen, notleidenden und kranken Menschen, aller, deren Herz voll Traurigkeit und Sorgen ist, all derer, die um der Wahrheit willen verfolgt werden. Lass einen jeden deinen väterlichen Willen erkennen, in Geduld deiner Führung folgen und an deiner Gnade auch in allen Nöten Trost finden.

Johann Amos Comenius

Kl: Johannes 1,43–51 :: Bl: 1. Korinther 5,9–13

5. Mittwoch **Der HERR hat mir geholfen, darum wollen wir singen und spielen im Hause des HERRN!**

Jesaja 38,20

Der Gelähmte sprang auf, stellte sich auf die Füße und konnte gehen; und er ging mit ihnen in den Tempel hinein, lief hin und her, sprang in die Höhe und lobte Gott. *Apostelgeschichte 3,8*

Lobe den Herren, der künstlich und fein dich bereitet, der dir Gesundheit verliehen, dich freundlich geleitet. In wie viel Not hat nicht der gnädige Gott über dir Flügel gebreitet! 317,3 Joachim Neander

Kl: Johannes 3,31–36 :: Bl: 1. Korinther 6,1–11

6. Donnerstag **Er gedenkt ewiglich an seinen Bund, an das Wort, das er verheißen hat für tausend Geschlechter.** *Psalm 105,8*

Jesus spricht: **Himmel und Erde werden vergehen; meine Worte aber werden nicht vergehen.**

Markus 13,31

Dein Wort, Herr, nicht vergehet, es bleibet ewiglich, so weit der Himmel gehet, der stets beweget sich; dein Wahrheit bleibt zu aller Zeit gleichwie der Grund der Erden, durch deine Hand bereit'.

295,4 Cornelius Becker

Kl: Offenbarung 1,(1.2)3–8 :: Bl: 1. Korinther 6,12–20

7. Freitag **Diese Worte, die ich dir heute gebiete, sollst du zu Herzen nehmen und sollst sie deinen Kindern einschärfen und davon reden.** *5. Mose 6,6–7*

Das Ziel der Unterweisung ist Liebe aus reinem Herzen und aus gutem Gewissen und aus ungeheucheltem Glauben. *1. Timotheus 1,5*

Schenke uns Menschen, die es den Kindern sagen, wer du warst, wer du bist, wer du sein wirst.

Heinrich Giesen

Kl: 1. Korinther 2,6–10 :: Bl: 1. Korinther 7,1–9

8. Samstag **Singet dem Herrn, rühmet den Herrn, der des Armen Leben aus den Händen der Boshaften errettet!** *Jeremia 20,13*

Er stößt die Gewaltigen vom Thron und erhebt die Niedrigen. *Lukas 1,52*

Herr, unser Beschützer, sieh in Gnaden auf alle, die unter Angst, Ungerechtigkeit, Krieg und Verfolgung leiden. Nimm die Schutzlosen in deine Obhut. Sei der Schutz der Armen und Unterdrückten. Wecke Barmherzigkeit und Fähigkeit zu helfen. Nathan Söderblom

Kl: 4. Mose 6,22–27 :: Bl: 1. Korinther 7,10–16

3. SONNTAG VOR DER PASSIONSZEIT SEPTUAGESIMAE

Wir liegen vor dir mit unserm Gebet und vertrauen nicht auf unsre Gerechtigkeit, sondern auf deine große Barmherzigkeit. *Daniel 9,18b*

Wochenlied: 342 oder 452

Pr/Ev: Matthäus 20,1–16 :: Ep: Philipper 2,12–13

AT: Jeremia 9,22–23 :: Bl: Psalm 124

9\. Sonntag **Gelobt sei, der da kommt im Namen des Herrn!** *Psalm 118,26*

Jesus Christus ist gekommen und hat im Evangelium Frieden verkündigt. *Epheser 2,17*

Wir öffnen uns vor dir, in dir wohnt die Wahrhaftigkeit. Wir freuen uns an dir, in dir wohnt die Gerechtigkeit. Du bist, wie du bist: Schön sind deine Namen. Halleluja. Amen. BG 21,2 Friedrich Karl Barth

10\. Montag **Der Herr wird seinen Engel mit dir senden und Gnade zu deiner Reise geben.** *1. Mose 24,40*

Die Jünger geleiteten uns alle mit Frauen und Kindern bis hinaus vor die Stadt, und wir knieten am Ufer nieder, beteten und nahmen Abschied voneinander. *Apostelgeschichte 21,5*

Möge dich ein Engel auf deinen Wegen behüten und dich vor allem Dunklen bewahren. Möge er deine Sorge tragen helfen und dein Leben von innen her erwärmen und erleuchten und dir die Gewissheit schenken, dass es gut ist, dass es dich gibt. Christa Spilling-Nöker

Kl: Lukas 19,1–10 :: Bl: 1. Korinther 7,17–24

11. Dienstag **Er führet mich auf rechter Straße um seines Namens willen.** *Psalm 23,3*

Jesus spricht: **Ich bin der gute Hirte und kenne die Meinen und die Meinen kennen mich.** *Johannes 10,14*

Ordne unsern Gang, Jesu, lebenslang. Führst du uns durch raue Wege, gib uns auch die nöt'ge Pflege; tu uns nach dem Lauf deine Türe auf.
391,4 Nikolaus Ludwig von Zinzendorf

Kl: 5. Mose 7,6–12 :: Bl: 1. Korinther 7,25–40

12. Mittwoch **Ich will gedenken an meinen Bund, den ich mit dir geschlossen habe zur Zeit deiner Jugend, und will mit dir einen ewigen Bund aufrichten.** *Hesekiel 16,60*

Der Gott aller Gnade, der euch berufen hat zu seiner ewigen Herrlichkeit in Christus, der wird euch, die ihr eine kleine Zeit leidet, aufrichten, stärken, kräftigen, gründen. *1. Petrus 5,10*

Auf immer gilt dein Segensbund, dein Wort ist Ja und Amen; nie weich es uns aus Geist und Mund und nie von unserm Samen! Lass immerfort dein helles Wort in allen Lebenszeiten uns warnen, trösten, leiten.
394,4 Karl Bernhard Garve

Kl: Römer 4,1–8 :: Bl: 1. Korinther 8,1–6

13. Donnerstag **Der Herr, der selber vor euch hergeht, der wird mit dir sein und wird die Hand nicht abtun und dich nicht verlassen. Fürchte dich nicht und erschrick nicht!** *5. Mose 31,8*

Jesus spricht: **Meine Schafe hören meine Stimme, und ich kenne sie und sie folgen mir; und ich gebe ihnen das ewige Leben, und sie werden nimmermehr umkommen, und niemand wird sie aus meiner Hand reißen.** *Johannes 10,27–28*

Er ordnet selber unsern Lauf, er schließt die Türen zu und auf, uns überstrahlt sein Angesicht die tiefste Nacht, das hellste Licht. Er geht ins Dunkel mit hinein, er wird im Kampf der Friede sein. Er steht bei uns, damit wir stehn. Wir werden seine Wunder sehn!

Otto Riethmüller

Kl: 1. Korinther 3,(1–3)4–8 :: Bl: 1. Korinther 8,7–13

14. Freitag **Warum hast du denn das Wort des Herrn verachtet, dass du getan hast, was Ihm missfiel?** *2. Samuel 12,9*

Lasst uns ablegen alles, was uns beschwert, und die Sünde, die uns umstrickt. Lasst uns laufen mit Geduld in dem Kampf, der uns bestimmt ist, und aufsehen zu Jesus, dem Anfänger und Vollender des Glaubens. *Hebräer 12,1–2*

Meine engen Grenzen, meine kurze Sicht bringe ich vor dich. Wandle sie in Weite: Herr, erbarme dich.

BG 712,1 Eugen Eckert

Kl: Maleachi 3,13–18 :: Bl: 1. Korinther 9,1–12

15. Samstag **Kommt nun, lasst uns wandeln im Licht des HERRN!** *Jesaja 2,5*

Ihr habt die Zeit erkannt, dass die Stunde da ist, aufzustehen vom Schlaf, denn unser Heil ist jetzt näher als zu der Zeit, da wir gläubig wurden. Die Nacht ist vorgerückt, der Tag ist nahe herbeigekommen. *Römer 13,11–12*

Du, Herr, bist unser Licht, dein heilig Angesicht verlässt die Deinen nicht. In diesem Lichte wandeln wir den Glaubensweg bis hin zu dir getrost und sorgenfrei, denn deine Treu ist alle Morgen neu.
BG 677 Barby 1806

Kl: 1. Korinther 1,26–31 :: Bl: 1. Korinther 9,13–18

---

2. SONNTAG VOR DER PASSIONSZEIT
SEXAGESIMAE

Heute, wenn ihr seine Stimme hört, so verstockt eure Herzen nicht. *Hebräer 3,15*

Wochenlied: 196 oder 199
Ev: Lukas 8,4–8(9–15) :: Ep: Hebräer 4,12–13
AT: Jesaja 55,(6–7)8–12a
Pr: Hesekiel 2,1–5(6–7)8–10; 3,1–3 :: Bl: Psalm 128

---

16. Sonntag **Der du mich tröstest in Angst, sei mir gnädig und erhöre mein Gebet!** *Psalm 4,2*

Selig sind, die da Leid tragen; denn sie sollen getröstet werden. *Matthäus 5,4*

Unser Geschenk für Sie:

Raten Sie mit und gewinnen Sie eine von 300 Brotboxen mit Losungsspruch.

Bitte beantworten Sie folgende Fragen und senden Sie uns diese Karte als Antwort zu:

1. Wann wurde Herrnhut gegründet?
   - ☐ 1702
   - ☐ 1722
   - ☐ 1732
2. In welche Sprachen wurden die Losungen bereits zu Lebzeiten Graf Zinzendorfs übersetzt?
   - ☐ Französisch, Spanisch, Niederländisch, Italienisch
   - ☐ Tschechisch, Englisch, Französisch, Niederländisch
   - ☐ Englisch, Spanisch, Italienisch, Russisch
3. Wann begann die Missionsarbeit der Brüdergemeine?
   - ☐ 1732
   - ☐ 1786
   - ☐ 1815

Einsendeschluss ist der 31. Mai 2020. Der Rechtsweg ist ausgeschlossen.
Unter allen Einsendungen entscheidet das Los.

Ja, ich möchte teilnehmen!

12011

Name | Vorname

Straße/Nr. | PLZ/Ort

Telefon | E-Mail

☐ Ich bin damit einverstanden, dass die von mir angegebenen Daten für an mich gerichtete Informationen per Post, E-Mail, Telefon und SMS gespeichert und ausschließlich von der Herrnhuter Brüdergemeine genutzt werden dürfen. Das Einverständnis kann ich jederzeit widerrufen.

Datum, Unterschrift

Meine persönliche Losung

Wir freuen uns, dass Sie zur weltweiten Gemeinschaft der Losungsleserinnen und Losungsleser gehören. Als Dankeschön senden wir Ihnen gerne eine persönliche Losung (z.B. Geburtsdatum, Hochzeitstag, Tauftag) kostenfrei zu. Einfach Wunschtermin eintragen und Postkarte abschicken.

Tag | Monat | Jahr

Das Versenden Ihrer persönlichen Losung kann einige Zeit in Anspruch nehmen.

Für uns sind Privatsphäre, eine sichere Umgebung und ein guter Kontakt mit Ihnen von größter Bedeutung. Ihre persönlichen Daten werden sorgfältig und unter Beachtung der datenschutzrechtlichen Bestimmungen behandelt. Mit dem Zusenden dieser Karte willigen Sie einer Verarbeitung Ihrer Daten gemäß § 6 Abs. 1 Pkt. 2 DSG-EKD ein. Nähere Informationen bezüglich des Datenschutzes und zu Ihren Rechten können Sie auch unter www.losungen.de/datenschutz finden.

Bitte ausreichend frankieren

Deutsche Post

ANTWORT

An die
EVANGELISCHE BRÜDER-UNITÄT
Herrnhuter Brüdergemeine
Badwasen 6
73087 Bad Boll

Liebe Losungsleserinnen und Losungsleser

Sie halten den 290. Jahrgang der Losungen in den Händen. Als die erste gedruckte Ausgabe im Jahr 1731 erschien, war der Ort Herrnhut erst wenige Jahre alt. Flüchtlinge aus Böhmen und Mähren hatten sich auf dem Land des Grafen Zinzendorf in der Oberlausitz angesiedelt und eine Gemeinschaft gegründet, die schon bald mit ihren Gemeinden, Schulen, diakonischen Einrichtungen und durch ihre Missionsarbeit in vielen Ländern der Welt bekannt wurde. Heute leben die Mitglieder dieser protestantischen Kirche auf fünf Kontinenten, die meisten von ihnen in Afrika. Oft werden wir gefragt, was das eigentlich für eine Kirche ist, die die Losungen herausgibt. Viele der Leserinnen und Leser haben vielleicht etwas über die Gründungszeit gehört oder kennen die Herrnhuter Sterne, die in der Advents- und Weihnachtszeit in vielen Häusern leuchten, und möchten jetzt mehr vom Leben unserer Gemeinden, ihren Einrichtungen und Aktivitäten erfahren. Auf den folgenden Seiten stellen wir Ihnen unsere Geschichte und das Spektrum unserer heutigen Arbeit vor.

Wir möchten Ihnen sehr herzlich danken, dass Sie zum großen Kreis der Losungsleserinnen und -leser gehören. Wir freuen uns über das Interesse an unserer Arbeit und sind unseren Freunden und Förderern dankbar für ihre Unterstützung. Wir hoffen, dass die Losungen Ihnen Freude schenken, Wegweisung geben und wünschen Ihnen Gottes Segen.

Herzliche Grüße,
Ihr

Raimund Hertzsch

Pfarrer Raimund Hertzsch
Mitglied der Kirchenleitung

Die Geschichte der Brüdergemeine

Die Wurzeln der Herrnhuter Brüdergemeine reichen zurück bis zur tschechischen Reformation. In der zweiten Hälfte des 15. Jahrhunderts entstand in Böhmen die UNITAS FRATRUM oder Brüder-Unität. Die »Böhmischen Brüder«, die nicht in Klöstern, sondern nach anfänglicher Zurückgezogenheit mitten in der Welt lebten und zu denen immer auch Schwestern gehörten, beriefen sich auf den Reformator Jan Hus, der 1415 in Konstanz als Ketzer verbrannt wurde. Für ihre Gemeinschaft sollten einzig und allein die Richtlinien der Bibel gelten. Infolge der Gegenreformation kamen die Nachfahren der Böhmischen Brüder zu Beginn des 18. Jahrhunderts als Glaubensflüchtlinge auf das Gut des Grafen Nikolaus Ludwig von Zinzendorf in die Oberlausitz und gründeten 1722 den Ort Herrnhut.

Die Brüdergemeine hat kein eigenes Glaubensbekenntnis formuliert. Sie bekennt sich mit den anderen Kirchen zu Jesus Christus als ihrem Herrn und Heiland. Im Zentrum ihrer Verkündigung steht der Gekreuzigte und Auferstandene. An vielen Orten arbeitet die Brüdergemeine eng mit anderen Kirchen zusammen. Dass sie eine internationale Kirche mit Gemeinden in fünf Kontinenten ist, erweitert ihren Horizont und den ihrer Mitglieder.

Die Brüdergemeine verdeutlicht mit Worten und Taten, dass Gottes Liebe allen Menschen gilt, unabhängig von Herkunft, Hautfarbe, Kultur, Geschlecht, Bildung und sozialem Status. Mit seiner aus Menschen unterschiedlicher Herkunft zusammengesetzten Einwohnerschaft wurde Herrnhut die erste Missionsgemeinde überhaupt.

Die Zusammenarbeit mit anderen Kirchen gehört zu den Merkmalen der Brüdergemeine. Auf allen Ebenen und in allen Ländern engagiert sie sich für eine lebendige Ökumene. Sie öffnet sich auch für den Dialog mit Menschen aus anderen Religionen.

Die Brüdergemeine in Europa

Die Brüdergemeine bietet Raum für ein gelebtes und tragfähiges Miteinander von Schwestern und Brüdern. Es gibt sie auf dem Lande und in der Stadt, in Gruppen und Kreisen für Ältere und Jüngere, im Osten und im Westen. Von Herrnhut aus bildeten sich – parallel zur Missionsarbeit in Übersee – Gemeinden und Freundeskreise in Deutschland, den Niederlanden, der Schweiz, Dänemark, Schweden, Großbritannien, Nordamerika, im heutigen Polen, Tschechien, Estland und Lettland sowie jüngst in Albanien. Nach 1945 entstanden in Deutschland und den Niederlanden neben den ursprünglich im ländlichen Raum befindlichen Siedlungen auch Stadt- und Regional- bzw. Bereichsgemeinden.

Ein wichtiges Anliegen der Arbeit der Brüdergemeine ist es bis heute, niemanden zu übersehen, einander mit Stärken und Schwächen wahrzunehmen und möglichst alle zur Mitarbeit zu gewinnen. In den Gemeinden ist Raum für Besinnung und geistliche Stärkung, aber auch für praktische Nächstenliebe und die Zurüstung zum Dienst in der Welt und für die Welt, sozusagen als »Gasthäuser und Werkstätten des Herrn«. Die Verantwortung für die Arbeit tragen gewählte Ältestenräte. Die Kinder- und Jugendarbeit spielt sowohl in den Gemeinden als auch überregional eine wichtige Rolle. Durch ihre Schularbeit vermittelt die Brüdergemeine Jugendlichen zusammen mit guter Bildung wertvolle Impulse des christlichen Glaubens – und trägt so auch gesellschaftliche Verantwortung.

Zwei Stiftungen der Brüdergemeine und weitere diakonische Einrichtungen nehmen vielfältige Aufgaben wahr. Der aus der Geschichte herrührende Bestand an Gebäuden und Grundstücken, aber auch Wirtschaftsbetriebe sind weitere Arbeitsfelder. So ist das Spektrum der Betätigungen groß. Wichtig sind die ökumenischen Beziehungen vor Ort und die Einbindungen in das Netz der weltweiten Brüder-Unität.

Die Losungen

Herausgeberin der Losungen

Bei weit über einer Million Menschen liegen die Losungen auf dem Frühstückstisch, erscheinen auf dem Smartphone, stecken im Rucksack, sind die erste E-mail-Nachricht des Tages oder Ausgangspunkt einer gemeinsamen Andacht auf einer Fortbildung, im Büro, in der Schule oder im Krankenhaus. Einige wenige Worte aus der Bibel verbinden Tag für Tag weltweit Menschen unterschiedlicher Konfession, Kultur und Frömmigkeit. Und diese Gemeinde wächst stetig. Die Losungen sind ein Weg, Gottes Wort in den Alltag kommen zu lassen. Das kann ein erster Schritt sein, die Bibel in ihrer ganzen Breite und Tiefe kennenzulernen. Die erste Losung geht auf den 3. Mai 1728 zurück. Bei der abendlichen Versammlung in Herrnhut verkündete Nikolaus Ludwig von Zinzendorf der Gemeinde ein kurzes Wort für den kommenden Tag. Damit begann die beispiellose Geschichte der Losungen. Bald schon wollten die Herrnhuter auf die »Parole für den Tag« nicht mehr verzichten. Die Losungen wurden zu einem wichtigen Kommunikationsmittel. Zinzendorf nannte sie »fortgesetzte Gespräche des Heilands mit der Gemeinde«. Er empfahl, dass sie »ins Gemüt und ins Herz« hineingenommen werden sollen. Gedruckt herausgegeben werden die Losungen seit 1731 Jahr für Jahr.

Die Losungen weltweit

Die Geschichte der fremdsprachigen Losungen beginnt mit der niederländischen Übersetzung des Losungsjahrgangs 1733, der 1735 gedruckt und damit der Öffentlichkeit bekanntgemacht wurde. Zu den ersten Sprachen, die bereits zu Lebzeiten des Grafen Zinzendorf übersetzt wurden, gehören zudem Englisch, Französisch und Tschechisch. Durch die Herrnhuter Mission verbreiteten sich die Losungen ab 1732 in Windeseile. Derzeit werden sie in ca. 60 Sprachen herausgegeben. Jede Übersetzung ist immer auch ein Über-Setzen – gleichsam von einem Ufer zum anderen. Menschen lesen weltweit dieselben Bibelverse am selben Tag – das verbindet!

Die Brüdergemeine weltweit

Schon 1732, zehn Jahre nach der Gründung von Herrnhut, begann die Missionsarbeit der Brüdergemeine. In den folgenden Jahren entwickelten sich Gemeinden in der Karibik, in Südafrika, Nordamerika und später auch in Ostafrika und Nordindien. In allen Herrnhuter Siedlungen legte man großen Wert auf Bildung und medizinische Versorgung. Ein internationales Herrnhuter Netzwerk entstand. Heute leben mehr als eine Million Mitglieder der Herrnhuter Brüdergemeine in etwa 40 Ländern.

Die Herrnhuter Missionshilfe ist die Missionsorganisation der Brüdergemeine in Deutschland. Sie pflegt Kontakte zu Menschen in zahlreichen Ländern, vor allem nach Tansania, Malawi, Sambia, Südafrika und Palästina, aber auch in die D. R. Kongo, Surinam, Nicaragua, Honduras, Nordindien und Albanien. Dabei bevormundet sie nicht, sondern arbeitet mit lokalen Kirchen und Initiativen eng zusammen. Sie unterstützt auch Gemeinden und Gruppen in Deutschland, die ihrerseits missionarisch aktiv sind. Sie weiß sich eingebunden in ein Netzwerk verschiedener Missions- und Hilfsorganisationen. Ihr Motto lautet: »miteinander glauben – voneinander lernen – füreinander einstehen«.

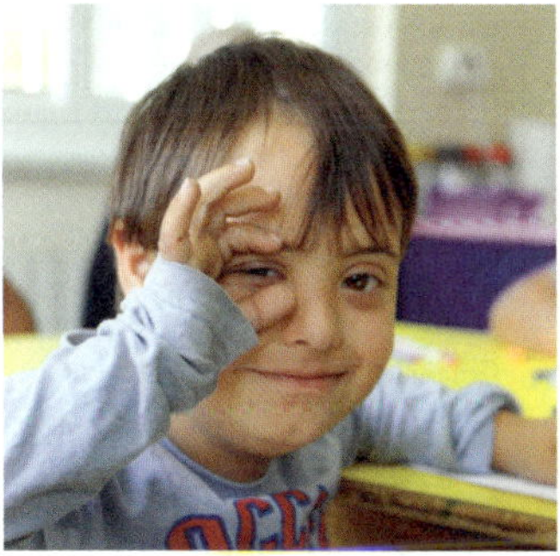

Mit einem kleinen Stab von Mitarbeiterinnen und Mitarbeitern und einem großen Freundeskreis sowie mit zahlreichen Ehrenamtlichen trägt sie das ihre dazu bei, dass das Evangelium von Jesus Christus in Wort und Tat verbreitet wird. Dabei geht es der Herrnhuter Missionshilfe in erster Linie um den Einzelnen und dessen Eingliederung in die Gemeinschaft sowie um Hilfe zur Selbsthilfe. Sie leistet Unterstützung beim Gemeindeaufbau und in besonderen Notlagen und sie bemüht sich um die Finanzierung von Projekten in vielen Bereichen, vor allem für schulische und berufliche Bildung, Gesundheit, HIV/Aids, Umwelt/Solar und Kleinkredite. Sie fördert und betreibt den »Fairen Handel« (»Moravian Merchandise«) und verhilft Jugendlichen zu einem Freiwilligendienst in der »Einen Welt«.

Losungen für Sie

Unser vielfältiges Losungsangebot

Die Losungen der Herrnhuter Brüdergemeine können Sie in verschiedenen Formen lesen. Ob digital als App oder als gedrucktes Buch: Die Losungen setzen Glaubensakzente in unserem Alltag! Folgendes Angebot für 2020 erhalten Sie im Buchhandel oder unter diesen Adressen:

Die Losungen sind auch als App erhältlich

Normalausgabe, kartoniert	4,90 EUR
Geschenk-Normalausgabe	5,80 EUR
Großdruckausgabe, karton.	5,90 EUR
Geschenk-Großdruckausg.	6,90 EUR
Großdruckausgabe, geb.	7,50 EUR
Schreibausgabe, gebunden	8,95 EUR
Terminkalender mit Losungen	8,60 EUR
Losungsbox mit Spruchkarten	12,90 EUR
Losungen für junge Leute	9,80 EUR
Losungs-CD	10,70 EUR
Ursprachenausgabe	15,95 EUR
Licht und Kraft, gebunden	14,80 EUR
Licht und Kraft, Reiseausgabe	13,80 EUR
App: Die Losungen	3,99 EUR

Preisänderungen vorbehalten

Losungen in Deutsch, Englisch, Französisch, Persisch und Spanisch sind über den Buchhandel erhältlich.

Comenius-Buchhandlung
Comeniusstr. 2, 02747 Herrnhut
Telefon +49 (0) 35873 2253
comenius-buchhandlung@ebu.de
www.comeniusbuchhandlung.de

Losungen in weiteren Sprachen
Evangelische Brüder-Unität
Zittauer Str. 20, 02747 Herrnhut
Telefon +49 (0) 35873 48728
fremdsprachen@ebu.de
www.losungen.de

Losungen für Blinde
In Brailleschrift oder als CD
Deutsche evangelische Blinden- und Sehbehindertenseelsorge
Ständeplatz 18, 34117 Kassel
Telefon +49 (0) 561 72987161
buero@debess.de
www.debess.de

Losungen für Gehörlose
Gehörlosenseelsorge der Ev. Kirche von Westfalen, Tonweg 23, 32429 Minden
Telefon +49 (0) 571 6481106
christian.schroeder@gmx.de
www.gebaerdenkreuz.de

Herrnhut: Den Ursprungsort der Losungen erleben!

KOMENSKY

Gäste- und Tagungshaus
Comeniusstr. 8, 02747 Herrnhut
Telefon +49 (0) 35873 33840
www.komensky.de

Mehr Informationen finden Sie im Internet unter www.losungen.de

Gelobet sei der Herr, mein Gott, mein Trost, mein Leben, des Vaters werter Geist, den mir der Sohn gegeben, der mir mein Herz erquickt, der mir gibt neue Kraft, der mir in aller Not Rat, Trost und Hilfe schafft.
139,3 Johann Olearius

17. Montag **Es werden sich zum Herrn bekehren aller Welt Enden.** *Psalm 22,28*

Gott will, dass alle Menschen gerettet werden und sie zur Erkenntnis der Wahrheit kommen. *1. Tim. 2,4*

Tu der Völker Türen auf, deines Himmelreiches Lauf hemme keine List noch Macht. Schaffe Licht in dunkler Nacht. Erbarm dich, Herr. 263,4 Christian Gottlob Barth

Kl: 5. Mose 32,44–47 :: Bl: 1. Korinther 9,19–23

18. Dienstag **Fürchte dich nicht, liebes Land, sondern sei fröhlich und getrost; denn der Herr hat Großes getan.** *Joel 2,21*

Groß ist, wie jedermann bekennen muss, das Geheimnis des Glaubens: Er ist offenbart im Fleisch, gerechtfertigt im Geist, erschienen den Engeln, gepredigt den Heiden, geglaubt in der Welt, aufgenommen in die Herrlichkeit. *1. Timotheus 3,16*

Du sandtest deinen lieben Sohn für alle von des Himmels Thron; verbreite stets sein Licht und Recht beim ganzen menschlichen Geschlecht. Bring alle Völker in dein Reich, die Letzten mach den Ersten gleich und schaffe bald zu deinem Ruhm dir überall ein Heiligtum.
BG 643,2.3 Johann Andreas Cramer/Albert Knapp

Kl: Hesekiel 33,30–33 :: Bl: 1. Korinther 9,24–27

19. Mittwoch **Gott, der Herr, der Mächtige, redet und ruft der Welt zu vom Aufgang der Sonne bis zu ihrem Niedergang.** *Psalm 50,1*

Gott war in Christus und versöhnte die Welt mit ihm selber und rechnete ihnen ihre Sünden nicht zu und hat unter uns aufgerichtet das Wort von der Versöhnung. *2. Korinther 5,19*

Gott sei Dank durch alle Welt, der sein Wort beständig hält und der Sünder Trost und Rat zu uns hergesendet hat. Sei willkommen, o mein Heil! Dir Hosianna, o mein Teil! Richte du auch eine Bahn dir in meinem Herzen an. 12,1.4 Heinrich Held

Kl: Lukas 6,43–49 :: Bl: 1. Korinther 10,1–13

20. Donnerstag **So spricht der Herr: Ich habe zu euch gesprochen, immer wieder mit Eifer gesprochen, ihr aber habt nicht auf mich gehört!** *Jeremia 35,14*

Selig sind, die das Wort Gottes hören und bewahren. *Lukas 11,28*

Wir hören den Alarm in dem Lärmen nicht. Wir hören den Laut unterm Läuten nicht. Wir hörn in der Stimmung die Stimme nicht. Wir hören das Wort, hören es nicht. Wir können ihn sehen und sehen ihn nicht. Wir können ihn hörn und wir hören nicht. Wir suchen ihn ferne und er ist nah. Wir suchen ihn nicht, doch er ist da. Lothar Zenetti

Kl: 1. Thessalonicher 1,2–10 :: Bl: 1. Korinther 10,14–22

21. Freitag **Gott der HERR machte aus Erde alle die Tiere auf dem Felde und alle die Vögel unter dem Himmel und brachte sie zu dem Menschen. Und der Mensch gab einem jeden seinen Namen.** *1. Mose 2,19.20*

Seht die Vögel unter dem Himmel an: Sie säen nicht, sie ernten nicht, sie sammeln nicht in die Scheunen; und euer himmlischer Vater ernährt sie doch. Seid ihr denn nicht viel kostbarer als sie? *Matthäus 6,26*

Vater alles Lebens, lass uns nicht vergebens durch der Schöpfung Garten gehn, lass uns deine Wunder sehn, dass wie Sonne, Blum und Stern wir dem Licht gehorchen gern, dienstbar Christus, unserm Herrn.
BG 839,3 Michael Weiße/Otto Riethmüller

Kl: 2. Timotheus 3,10–17 :: Bl: 1. Korinther 10,23–11,1

22. Samstag **Ihr sagt: »Der Herr handelt nicht recht.« So höret nun, ihr vom Hause Israel: Handle denn ich unrecht? Ist's nicht vielmehr so, dass ihr unrecht handelt?** *Hesekiel 18,25*

Wenn wir sagen, wir haben keine Sünde, so betrügen wir uns selbst, und die Wahrheit ist nicht in uns. Wenn wir aber unsre Sünden bekennen, so ist er treu und gerecht, dass er uns die Sünden vergibt und reinigt uns von aller Ungerechtigkeit. *1. Johannes 1,8–9*

Ruf uns zur Umkehr, sooft wir versagen; du bist barmherzig, vergibst uns die Schuld. Antwort bist du in verzweifeltem Fragen; lehr uns Verzeihen, Vertrauen, Geduld. Du hast für uns deinen Sohn hingegeben, Worte und Taten, aus denen wir leben. Raymund Weber

Kl: Matthäus 13,31–35 :: Bl: 1. Korinther 11,2–16

SONNTAG VOR DER PASSIONSZEIT – ESTOMIHI
(Sei mir ein starker Fels! Psalm 31,3)

Seht, wir gehen hinauf nach Jerusalem, und es wird alles vollendet werden, was geschrieben ist durch die Propheten von dem Menschensohn. *Lukas 18,31*

Wochenlied: 401
Ev: Markus 8,31–38 :: Ep: 1. Korinther 13,1–13
AT: Amos 5,21–24 :: Pr: Lukas 18,31–43 :: Bl: Psalm 31

23. Sonntag **Ihre Gemeinde soll vor mir fest gegründet stehen.** *Jeremia 30,20*

Durch Jesus Christus wird der ganze Bau zusammengehalten und wächst zu einem heiligen Tempel im Herrn. *Epheser 2,21*

Herr, unser Gott, lass deine Hand stark werden in unsern Tagen; und wenn es schwierig wird und wenn die Zeiten traurig werden, so halte dein Volk fest in der Hand; denn wir wollen fest stehen, wir wollen glauben, und wenn es noch so übel aussieht auf der Erde. Du kannst uns stark machen. Deine Kraft, die Kraft deines Geistes, kann uns aufrichten und allezeit munter und fröhlich machen. Christoph Blumhardt

24. Montag **Lasst uns unsere Wege prüfen und erforschen, und lasst uns zurückkehren zum HERRN!** *Klagelieder 3,40*

Wer dem Herrn anhängt, der ist ein Geist mit ihm. *1. Korinther 6,17*

Du schließest mir die Tiefen des eignen Herzens auf, lehrst mich mein Wesen prüfen und meines Lebens Lauf. Dann heißest du mich treten zum offnen Gnadenthron und hilfst mir kräftig beten, bis Schuld und Schmerz entflohn. BG 707,2 Karl Bernhard Garve

Kl: Lukas 13,31–35 :: Bl: 1. Korinther 11,17–22

25. Dienstag **Ich will euch mehr Gutes tun als je zuvor, und ihr sollt erfahren, dass ich der Herr bin.**

Hesekiel 36,11

Gott kann machen, dass alle Gnade unter euch reichlich sei, damit ihr in allen Dingen allezeit volle Genüge habt und noch reich seid zu jedem guten Werk.

2. Korinther 9,8

Du kannst, o Volk des Herrn, dich glücklich schätzen und deines Glaubens Fuß noch fester setzen, denn dein siegreicher Held steht dir zur Seiten, der durch die ganze Welt dich will geleiten. Anna Dober

Kl: Lukas 5,33–39 :: Bl: 1. Korinther 11,23–26

Beginn der Passionszeit

26. Mittwoch **O dass mein Leben deine Gebote mit ganzem Ernst hielte.** *Psalm 119,5*

Es begab sich aber, als die Zeit erfüllt war, dass Jesus in den Himmel aufgenommen werden sollte, da wandte er das Angesicht, entschlossen, nach Jerusalem zu wandern. *Lukas 9,51*

Herr, unser Gott, lehre uns in der heute beginnenden Passionszeit, den Weg Jesu zu betrachten, und hilf zu verstehen, was sein Gehorsam bedeutet. Lass uns in diesen Tagen vor Ostern auch uns selbst besser erkennen und unser Tun und Lassen entschiedener an Jesus ausrichten. *

Kl: Matthäus 6,16–21 :: Bl: 1. Korinther 11,27–34

27. Donnerstag **Bei Gott ist mein Heil und meine Ehre.** *Psalm 62,8*

Selig seid ihr, wenn euch die Menschen um meinetwillen schmähen und verfolgen und allerlei Böses gegen euch reden und dabei lügen. *Matthäus 5,11*

Du kennst alle Not der Menschen, du bleibst bei mir, wenn kein Mensch mir beisteht. Du vergisst mich nicht und suchst mich. Du willst, dass ich dich erkenne und mich zu dir kehre. Herr, ich höre deinen Ruf und folge. Hilf mir! Dietrich Bonhoeffer

Kl: Kolosser 3,(5–7)8–11 :: Bl: 1. Korinther 12,1–11

28. Freitag **Mein Gott, mein Gott, warum hast du mich verlassen? Ich schreie, aber meine Hilfe ist ferne.** *Psalm 22,2*

Petrus wurde im Gefängnis festgehalten; aber die Gemeinde betete ohne Aufhören für ihn zu Gott. *Apostelgeschichte 12,5*

Für alle, die sich verlassen fühlen und die in Todesängsten schweben, bitten wir dich, Herr. Für Freunde und Fremde, die keine Hilfe sehen und kein Licht. Zugleich danken wir für die Kraft der Fürbitte, die wir schon so manches Mal erfahren haben. *

Kl: Römer 7,14–25a :: Bl: 1. Korinther 12,12–26

29. Samstag **Ich will euch retten, dass ihr ein Segen sein sollt.** *Sacharja 8,13*

Ich danke unserm Herrn Christus Jesus, der mich stark gemacht und für treu erachtet hat und in das Amt eingesetzt, mich, der ich früher ein Lästerer und ein Verfolger und ein Frevler war; aber mir ist Barmherzigkeit widerfahren. *1. Timotheus 1,12–13*

Drum komm, Herr Jesu, stärke mich, hilf mir in meinen Werken, lass du mit deiner Gnade dich bei meiner Arbeit merken; gib dein Gedeihen selbst dazu, dass ich in allem, was ich tu, ererbe deinen Segen.
494,4 Salomo Liscow

Kl: Sacharja 7,2–13 :: Bl: 1. Korinther 12,27–31

MÄRZ

Monatsspruch: Jesus Christus spricht: Wachet!
Markus 13,37

---

1. SONNTAG DER PASSIONSZEIT – INVOKAVIT
(Er ruft mich an, darum will ich ihn erhören.
Psalm 91,15)

Dazu ist erschienen der Sohn Gottes, dass er die Werke des Teufels zerstöre. *1. Johannes 3,8b*

Wochenlied: 347 oder 362
Ev: Matthäus 4,1–11 :: Ep: Hebräer 4,14–16
Pr/AT: 1. Mose 3,1–19(20–24) :: Bl: Psalm 91

---

1. Sonntag **HERR, ich danke dir, dass du mich erhört hast und hast mir geholfen.** *Psalm 118,21*

Jesus sprach zu der Frau: Meine Tochter, dein Glaube hat dich gesund gemacht; geh hin in Frieden und sei gesund von deiner Plage! *Markus 5,34*

Du bist der Beistand in all unsern Nöten, unser Heiland, der uns kann erretten, Leben, Sieg und Freude geben. BG 626,5 Johann Augusta/Johann Jelecky

1. März 1457: Anfang der Brüder-Unität in Böhmen

2. Montag **Recht muss doch Recht bleiben, und ihm werden alle frommen Herzen zufallen.** *Psalm 94,15*

Jesus spricht: **So lasst euer Licht leuchten vor den Leuten, damit sie eure guten Werke sehen und euren Vater im Himmel preisen.** *Matthäus 5,16*

Dein Wort ist wie Feuer, das wärmt und erhellt. Herr, steck unser Herz an, als Licht für die Welt. Chr. Zehendner

Kl: 2. Thessalonicher 3,1–5 :: Bl: 1. Korinther 12,31–13,7

3. Dienstag **Ach Herr, strafe mich nicht in deinem Zorn und züchtige mich nicht in deinem Grimm!**

Psalm 6,2

Gott hat uns nicht bestimmt zum Zorn, sondern dazu, die Seligkeit zu besitzen durch unsern Herrn Jesus Christus. *1. Thessalonicher 5,9*

Es ist in keinem andern Heil, kein Name sonst gegeben, in dem uns Gnade wird zuteil und Fried und ewges Leben, als nur der Name Jesus Christ, der selig macht und Retter ist: Ihm sei Lob, Preis und Ehre!

356,1 Johann Anastasius Freylinghausen

Kl: Hiob 1,1–22 :: Bl: 1. Korinther 13,8–13

4. Mittwoch **Die ihr den Herrn fürchtet, hoffet auf den Herrn!** *Psalm 115,11*

Er gebe euch erleuchtete Augen des Herzens, damit ihr erkennt, zu welcher Hoffnung ihr von ihm berufen seid, wie reich die Herrlichkeit seines Erbes für die Heiligen ist. *Epheser 1,18*

Sing, bet und geh auf Gottes Wegen, verricht das Deine nur getreu und trau des Himmels reichem Segen, so wird er bei dir werden neu. Denn welcher seine Zuversicht auf Gott setzt, den verlässt er nicht.

369,7 Georg Neumark

Kl: 5. Mose 8,11–18 :: Bl: 1. Korinther 14,1–5

5. Donnerstag **So halte nun die Gebote des Herrn, deines Gottes, dass du in seinen Wegen wandelst und ihn fürchtest.** *5. Mose 8,6*

Bleibe bei dem, was du gelernt hast und was dir anvertraut ist. *2. Timotheus 3,14*

Herr, für dein Wort sei hoch gepreist; lass uns dabei verbleiben und gib uns deinen Heilgen Geist, dass wir dem Worte glauben, dasselb annehmen jederzeit mit Sanftmut, Ehre, Lieb und Freud als Gottes, nicht der Menschen. 196,1 David Denicke

Kl: Jakobus 4,1–10 :: Bl: 1. Korinther 14,6–19

Weltgebetstag – Frauen laden ein

6. Freitag **Dann werden die Augen der Blinden aufgetan und die Ohren der Tauben geöffnet werden.** *Jesaja 35,5*

Armen wird das Evangelium gepredigt. *Matthäus 11,5*

Gott, unser Herr, wir danken dir, dass du deinen einzigen Sohn gesandt hast, um uns Leben zu geben. Inmitten von Reichtum werden wir von Armut zerdrückt. Wir sind der Verzweiflung nahe, aber noch bleibt unsere Hoffnung bestehen. Wir kommen zu dir, du bist unsere einzige Hoffnung und unsere Zuflucht. Mit dir, o Herr, werden wir nicht zerstört, auch wenn wir viele Sorgen haben. Aus Simbabwe

Kl: Hebräer 2,11–18 :: Bl: 1. Korinther 14,20–25

7. Samstag **Rede einer mit dem andern Wahrheit und richtet wahrhaftig und recht, schafft Frieden in euren Toren.** *Sacharja 8,16*

Die Liebe freut sich nicht über die Ungerechtigkeit, sie freut sich aber an der Wahrheit. *1. Korinther 13,6*

Lass unsre Liebe ohne Wanken, die Treue lass beständig sein. Halt uns in Worten und Gedanken von Zorn, Betrug und Lüge rein. Lass uns doch füreinander stehn, gib Augen, andrer Last zu sehn. 240,2 Walter Heinecke

Kl: Römer 6,12–18 :: Bl: 1. Korinther 14,26–40

Gebetstag für bedrängte und verfolgte Christen

---

2. SONNTAG DER PASSIONSZEIT – REMINISZERE
(Gedenke, HERR, an deine Barmherzigkeit! Psalm 25,6)

Gott erweist seine Liebe zu uns darin, dass Christus für uns gestorben ist, als wir noch Sünder waren.
Römer 5,8

Wochenlied: 94 oder 96
Ev: Johannes 3,14–21 :: Pr/Ep: Römer 5,1–5(6–11)
AT: Jesaja 5,1–7 :: Bl: Psalm 123

---

8. Sonntag **Du sollst deinen Bruder nicht hassen in deinem Herzen, sondern du sollst deinen Nächsten zurechtweisen, damit du nicht seinetwegen Schuld auf dich lädst.** *3. Mose 19,17*

Liebt eure Feinde und bittet für die, die euch verfolgen, auf dass ihr Kinder seid eures Vaters im Himmel. *Matthäus 5,44–45*

Heute beten wir besonders um deinen Beistand, Herr, für unsere Schwestern und Brüder, die verfolgt und vertrieben werden, und für die zu Unrecht Gefangenen. Wir bitten dich aber auch für die, die ungerechte Urteile sprechen und willkürliche Gewalt ausüben. Der du die Herzen der Menschen kennst, hilf, dass ihnen Einhalt geboten wird und deine Liebe auch sie erreicht. *

9. Montag **Eure Sünden halten das Gute von euch fern.** *Jeremia 5,25*

Das Gute, das ich will, das tue ich nicht; sondern das Böse, das ich nicht will, das tue ich. *Römer 7,19*

O Herr, nimm unsre Schuld, mit der wir uns belasten, und führe selbst die Hand, mit der wir nach dir tasten. BG 726,1 Hans-Georg Lotz

Kl: 1. Mose 37,3–4.12–14.23–35(36) :: Bl: Markus 10,32–34

10. Dienstag **Der Herr ist meines Lebens Kraft; vor wem sollte mir grauen?** *Psalm 27,1*

Gott hat uns nicht gegeben den Geist der Furcht, sondern der Kraft und der Liebe und der Besonnenheit. *2. Timotheus 1,7*

Jesu, stärke deine Kinder und mach aus denen Überwinder, die du erkauft mit deinem Blut! Schaffe in uns neues Leben, dass wir uns stets zu dir erheben, wenn uns entfallen will der Mut! Gieß aus auf uns den Geist, dadurch die Liebe fließt in die Herzen: So halten wir getreu an dir im Tod und Leben für und für.
164 Wilhelm Erasmus Arends

Kl: Hiob 2,1–10 :: Bl: Markus 10,35–45

11. Mittwoch **All sein Tun ist Wahrheit, und seine Wege sind recht, und wer stolz einherschreitet, den kann er demütigen.** *Daniel 4,34*

Jesus spricht: **Nehmt auf euch mein Joch und lernt von mir; denn ich bin sanftmütig und von Herzen demütig; so werdet ihr Ruhe finden für eure Seelen.** *Matthäus 11,29*

Bezwing doch unsern stolzen Sinn, der nichts von Demut weiß, und führ ihn in die Liebe hin zu deiner Liebe Preis. BG 243,5 Nikolaus Ludwig von Zinzendorf

Kl: Johannes 16,29–33 :: Bl: Markus 10,46–52

12. Donnerstag **HERR, führe meine Sache und erlöse mich; erquicke mich durch dein Wort.** *Psalm 119,154*

Philippus lief hin und hörte, dass der Mann aus Äthiopien den Propheten Jesaja las, und fragte: Verstehst du auch, was du liest? Er aber sprach: Wie kann ich, wenn mich nicht jemand anleitet? Und er bat Philippus, aufzusteigen und sich zu ihm zu setzen. *Apostelgeschichte 8,30–31*

Das Wort aus Gottes Herz und Mund lebt, schafft und macht uns ganz gesund. Das Wort aus Gottes Herz und Mund erobert still das Erdenrund.
BG 390,1 Otto Riethmüller

Kl: 1. Johannes 1,8–2,2(3–6) :: Bl: Markus 11,1–11

13. Freitag **Du sollst dem Tauben nicht fluchen und sollst vor den Blinden kein Hindernis legen, denn du sollst dich vor deinem Gott fürchten.** *3. Mose 19,14*

Einer trage des andern Last, so werdet ihr das Gesetz Christi erfüllen. *Galater 6,2*

Sollt wo ein Schwacher fallen, so greif der Stärkre zu; man trag, man helfe allen, man pflanze Lieb und Ruh. Kommt, bindet fester an; ein jeder sei der Kleinste, doch auch wohl gern der Reinste auf unsrer Liebesbahn.
393,8 Gerhard Tersteegen

Kl: 2. Korinther 13,3–9 :: Bl: Markus 11,12–19

14. Samstag **Bei dir ist die Quelle des Lebens, und in deinem Lichte sehen wir das Licht.** *Psalm 36,10*

Wer den Sohn hat, der hat das Leben. *1. Joh. 5,12*

Dieses Licht lässt uns nicht wanken in der rechten Glaubensbahn. Ewig, Herr, will ich dir danken, dass du hast so wohl getan und uns diesen Schatz geschenkt, der zu deinem Reich uns lenkt. BG 221,6 Johann Rist

Kl: Galater 2,16–21 :: Bl: Markus 11,20–25

---

3. SONNTAG DER PASSIONSZEIT – OKULI
(Meine Augen sehen stets auf den HERRN. Psalm 25,15)

Wer die Hand an den Pflug legt und sieht zurück, der ist nicht geschickt für das Reich Gottes. *Lukas 9,62*

Wochenlied: 391

Pr/Ev: Lukas 9,57–62 :: Ep: Epheser 5,1–2(3–7)8–9

AT: 1. Könige 19,1–8(9–13a) :: Bl: Psalm 129

---

15. Sonntag **Gott sprach zu Salomo: Weil du weder um langes Leben bittest noch um Reichtum noch um deiner Feinde Tod, sondern um Verstand, auf das Recht zu hören, siehe, so tue ich nach deinen Worten.**

1. Könige 3,11–12

Trachtet zuerst nach dem Reich Gottes und nach seiner Gerechtigkeit, so wird euch das alles zufallen.

Matthäus 6,33

Was ist gut, was ist gerecht, was ist lebendig und echt? Lass es mich verstehn, was wirklich zählt. Gib mir dein Wort für mein Herz. Gib mir ein Herz für dein Wort, das mich trifft und trägt auf meinem Weg. Du bist noch ehe ich bin. Du wirst noch sein, wenn ich schon war. Halte lebenslang zu mir, mein Gott. Öffne mein Herz für dein Wort. Öffne dein Wort für mein Herz, das mich reifen lässt und leben lehrt.

Thomas Laubach/Judy Bailey

16. Montag **Ich rufe zu Gott, dem Allerhöchsten, zu Gott, der meine Sache zum guten Ende führt.**

Psalm 57,3

Wer beharrt bis an das Ende, der wird selig.

Markus 13,13

Weil denn weder Ziel noch Ende sich in Gottes Liebe find't, ei so heb ich meine Hände zu dir, Vater, als dein Kind, bitte, wollst mir Gnade geben, dich aus aller meiner Macht zu umfangen Tag und Nacht hier in meinem ganzen Leben, bis ich dich nach dieser Zeit lob und lieb in Ewigkeit. 325,10 Paul Gerhardt

Kl: Lukas 14,(25–26)27–33(34–35) :: Bl: Markus 11,27–33

17. Dienstag **Dein Knecht lässt sich durch deine Gebote warnen.** *Psalm 19,12*

Übe dich darin, den Willen Gottes zu tun! *1. Tim. 4,7*

Treib unsern Willen, dein Wort zu erfüllen; hilf uns gehorsam wirken deine Werke; und wo wir schwach sind, da gib du uns Stärke. Lobet den Herren!
447,8 Paul Gerhardt

Kl: Hiob 7,11–21 :: Bl: Markus 12,1–12

18. Mittwoch **Es wartet alles auf dich, HERR, dass du ihnen Speise gebest zu seiner Zeit. Wenn du ihnen gibst, so sammeln sie; wenn du deine Hand auftust, so werden sie mit Gutem gesättigt.** *Psalm 104,27–28*

Ihr habt schon geschmeckt, dass der Herr freundlich ist. *1. Petrus 2,3*

Kleidung und Brot gibst du, der Nächte Ruh dazu, und stellst am Morgen über jedes Dach das Taggestirn, das helle; und mit der güldnen Welle des Lichts nimmst du das Ungemach. BG 62,3 Gerhard Fritzsche

Kl: Matthäus 13,44–46 :: Bl: Markus 12,13–17

19. Donnerstag **Der HERR wandte sich Israel wieder zu um seines Bundes willen mit Abraham, Isaak und Jakob und wollte sie nicht verderben, verwarf sie auch nicht von seinem Angesicht bis auf diese Stunde.** *2. Könige 13,23*

Gottes Gaben und Berufung können ihn nicht gereuen. *Römer 11,29*

Der Herr ist noch und nimmer nicht von seinem Volk geschieden; er bleibet ihre Zuversicht, ihr Segen, Heil und Frieden. Mit Mutterhänden leitet er die Seinen stetig hin und her. Gebt unserm Gott die Ehre!
326,5 Johann Jakob Schütz

Kl: Matthäus 19,16–26 :: Bl: Markus 12,18–27

20. Freitag **Der HERR deckt mich in seiner Hütte zur bösen Zeit, er birgt mich im Schutz seines Zeltes.**
Psalm 27,5

Darum bin ich guten Mutes in Schwachheit, in Misshandlungen, in Nöten, in Verfolgungen und Ängsten um Christi willen; denn wenn ich schwach bin, so bin ich stark. *2. Korinther 12,10*

Herr, unser Gott! Wenn wir Angst haben, dann lass uns nicht verzweifeln. Wenn wir enttäuscht sind, dann lass uns nicht bitter werden. Wenn wir gefallen sind, dann lass uns nicht liegenbleiben. Wenn es mit unsern Kräften zu Ende ist, dann lass uns nicht umkommen. Nein, dann lass uns deine Nähe und deine Liebe spüren.
Karl Barth

Kl: Matthäus 10,34–39 :: Bl: Markus 12,28–34

21. Samstag Der HERR spricht: **Ich will Frieden geben in eurem Lande, dass ihr schlaft und euch niemand aufschrecke.** *3. Mose 26,6*

Der Friede Gottes, der höher ist als alle Vernunft, wird eure Herzen und Sinne in Christus Jesus bewahren. *Philipper 4,7*

Jesu, treuer Heiland, sprich mir immer deinen Trost und Frieden zu, dass ich nun bei jedem Morgenschimmer und bei jeder Abendruh mich an deiner treuen Freundschaft freue, deinen Segen spüre stets aufs Neue, bis der frohe Tag erscheint, der mich ewig dir vereint. BG 866 Christian Gregor

Kl: Galater 6,(11–13)14–18 :: Bl: Markus 12,35–37

---

4. SONNTAG DER PASSIONSZEIT – LÄTARE
(Freuet euch mit Jerusalem! Jesaja 66,10)

Wenn das Weizenkorn nicht in die Erde fällt und erstirbt, bleibt es allein; wenn es aber erstirbt, bringt es viel Frucht. *Johannes 12,24*

Wochenlied: 98 oder 396

Ev: Johannes 12,20–24 :: Ep: 2. Korinther 1,3–7

AT: Jesaja 54,7–10 :: Pr: Jesaja 66,10–14 :: Bl: Psalm 122

---

22. Sonntag **Es ist ein Gott im Himmel, der Geheimnisse offenbart.** *Daniel 2,28*

In Christus liegen verborgen alle Schätze der Weisheit und der Erkenntnis. *Kolosser 2,3*

Du Geheimnis aus der Höhe, allumfassend große Macht, deine Ferne, deine Nähe widerfährt uns Tag und Nacht. Unsichtbarer Gott, wir können dich im Namen Jesu Christ unsren Herrn und Vater nennen, der barmherzig zu uns ist. BG 640,1 Detlev Block

23. Montag **Herr, du bist's allein, du hast gemacht den Himmel und aller Himmel Himmel mit ihrem ganzen Heer, die Erde und alles, was darauf ist, die Meere und alles, was darinnen ist.** *Nehemia 9,6*

Gott hat sich selbst nicht unbezeugt gelassen, hat viel Gutes getan und euch vom Himmel Regen und fruchtbare Zeiten gegeben, hat euch ernährt und eure Herzen mit Freude erfüllt. *Apostelgeschichte 14,17*

Der kleinste Halm ist deiner Weisheit Spiegel. Du Luft und Meer, ihr Auen, Tal und Hügel, ihr seid sein Loblied und sein Psalm.
BG 48,6 Christian Fürchtegott Gellert

Kl: Johannes 6,26–35 :: Bl: Markus 12,38–40

24. Dienstag **Der Herr ist gerecht in allen seinen Wegen und gnädig in allen seinen Werken.** *Psalm 145,17*

Darum lassen auch wir nicht ab, für euch zu beten und zu bitten, dass ihr erfüllt werdet mit der Erkenntnis seines Willens in aller geistlichen Weisheit und Einsicht. *Kolosser 1,9*

Er ist ein Fels, ein sichrer Hort, und Wunder sollen schauen, die sich auf sein wahrhaftig Wort verlassen und ihm trauen. Er hat's gesagt, und darauf wagt mein Herz es froh und unverzagt und lässt sich gar nicht grauen. 374,2 Philipp Spitta

Kl: Hiob 9,14–23.32–35 :: Bl: Markus 12,41–44

25. Mittwoch **Wie kehrt ihr alles um! Als ob der Ton dem Töpfer gleich wäre, dass das Werk spräche von seinem Meister: Er hat mich nicht gemacht!, und ein Bildwerk spräche von seinem Bildner: Er versteht nichts!** *Jesaja 29,16*

Alle miteinander bekleidet euch mit Demut.
1. Petrus 5,5

Ohne dich, wo käme Kraft und Mut mir her? Ohne dich, wer nähme meine Bürde, wer? Ohne dich, zerstieben würden mir im Nu Glauben, Hoffen, Lieben, alles, Herr, bist du. 407,2 Cornelius Friedrich Adolf Krummacher

Kl: Johannes 15,9–17 :: Bl: Markus 13,1–13

26. Donnerstag **Ich bekenne meine Schuld, bekümmert bin ich meiner Sünde wegen.** *Psalm 38,19*

Die Traurigkeit nach Gottes Willen wirkt zur Seligkeit eine Umkehr, die niemanden reut.
2. Korinther 7,10

Ich Betrübter komme hier und bekenne meine Sünden; lass, mein Heiland, mich bei dir Gnade zur Vergebung finden, dass dies Wort mich trösten kann: Jesus nimmt die Sünder an. 353,5 Erdmann Neumeister

Kl: 2. Korinther 4,11–18 :: Bl: Markus 13,14–23

27. Freitag **Es ist das Herz ein trotzig und verzagt Ding; wer kann es ergründen? Ich, der HERR, kann das Herz ergründen und die Nieren prüfen und gebe einem jeden nach seinem Tun.** *Jeremia 17,9–10*

Daran erkennen wir, dass wir aus der Wahrheit sind, und können vor ihm unser Herz überzeugen, dass, wenn uns unser Herz verdammt, Gott größer ist als unser Herz und erkennt alle Dinge.

1. Johannes 3,19–20

Herr, der du mich kennst und beim Namen nennst, ach, du weißt es, wie ich's meine, was ich bin und was ich scheine. Meines Herzens Grund ist dir klar und kund. BG 713,1 Philipp Spitta

Kl: Johannes 16,16–23a :: Bl: Markus 13,24–27

28. Samstag **Der HERR hat Gefallen an denen, die ihn fürchten, die auf seine Güte hoffen.** *Psalm 147,11*

Jesus spricht: **Wer Gottes Willen tut, der ist mein Bruder und meine Schwester und meine Mutter.**

Markus 3,35

Vertrau auf Gott, der seinen Sohn zum Heil der Welt gegeben. Wer an ihn glaubt, dem schenkt Gott schon allhier ewiges Leben. Doch soll dein Glaube fruchtbar sein, sich in der Tat erweisen, dass sich die Menschen dran erfreun und Gott, den Vater, preisen.

Johann Amos Comenius

Kl: Johannes 14,15–21 :: Bl: Markus 13,28–37

5. SONNTAG DER PASSIONSZEIT – JUDIKA
(Schaffe mir Recht, Gott! Psalm 43,1)

Der Menschensohn ist nicht gekommen, dass er sich dienen lasse, sondern dass er diene und gebe sein Leben als Lösegeld für viele. *Matthäus 20,28*

Wochenlied: 76 oder 97
Ev: Markus 10,35–45 :: Ep: Hebräer 5,(1–6)7–9(10)
AT: 1. Mose 22,1–14(15–19) :: Pr: Hebräer 13,12–14
Bl: Psalm 102

29. Sonntag **Wenn mein Geist in Ängsten ist, so kennst du doch meinen Pfad.** *Psalm 142,4*

Gelobt sei Gott, der Vater unseres Herrn Jesus Christus, der Vater der Barmherzigkeit und Gott allen Trostes, der uns tröstet in aller unserer Bedrängnis. *2. Korinther 1,3–4*

Lass uns tiefer dir vertrauen und getroster gehen! Kann kein Auge, Gott, Dich schauen, kann's doch Spuren sehen. Spur von Schritten, die zur Nacht still vorübergingen, Strahlen, die mit Übermacht durch das Dunkle dringen. Arno Pötzsch

30. Montag **Wo ist jemand, wenn er fällt, der nicht gern wieder aufstünde? Wo ist jemand, wenn er irregeht, der nicht gern wieder zurechtkäme?** *Jeremia 8,4*

Jesus spricht: **Wer zu mir kommt, den werde ich nicht hinausstoßen.** *Johannes 6,37*

Nimm meine Hand, Herr, und hilf mir, wieder aufzustehen. Sag mir dein gutes Wort, und ich kann wieder Hoffnung fassen. Zeig mir einen Ausweg, und es fällt mir ein Stein vom Herzen. Mit dir kann ich meinen Weg weitergehen. *

Kl: Epheser 2,11–16 :: Bl: Markus 14,1–11

31. Dienstag **Jene, die fern sind, werden kommen und am Tempel des Herrn bauen.** *Sacharja 6,15*

Durch Jesus Christus werdet auch ihr mit erbaut zu einer Wohnung Gottes im Geist. *Epheser 2,22*

Ja, viele tausend sind erkoren, kein Volk hat hier das Vorzugsrecht. Kein Ort, an welchem sie geboren, nicht ihre Sprache noch Geschlecht, kein Unterschied soll hier erscheinen; was fern, was nah, will Gott vereinen. BG 535,3 Ernst Lange

Kl: Hiob 19,21–27 :: Bl: Markus 14,12–16

APRIL

Monatsspruch: Es wird gesät verweslich und wird auferstehen unverweslich. *1. Korinther 15,42*

1. Mittwoch **Ich will mich freuen über mein Volk. Man soll in ihm nicht mehr hören die Stimme des Weinens noch die Stimme des Klagens.** *Jesaja 65,19*

Jesus sprach zu den Jüngern: **Ihr habt nun Traurigkeit; aber ich will euch wiedersehen, und euer Herz soll sich freuen, und eure Freude soll niemand von euch nehmen.** *Johannes 16,22*

Gott des Friedens, Freude des Evangeliums willst du in uns legen. Sie ist da, ganz nahe, neu entfacht durch deinen Blick, der voll Vertrauen auf unserem Leben ruht. Frère Roger, Taizé

Kl: Hebräer 9,11–15 :: Bl: Markus 14,17–25

2. Donnerstag **Gott, du hast mich von Jugend auf gelehrt, und noch jetzt verkündige ich deine Wunder.** *Psalm 71,17*

Simeon nahm das Kind Jesus auf seine Arme und lobte Gott und sprach: Herr, nun lässt du deinen Diener in Frieden fahren, wie du gesagt hast; denn meine Augen haben deinen Heiland gesehen. *Lukas 2,28–30*

Nun danket alle Gott mit Herzen, Mund und Händen, der große Dinge tut an uns und allen Enden, der uns von Mutterleib und Kindesbeinen an unzählig viel zugut bis hierher hat getan. 321,1 Martin Rinckart

Kl: Jeremia 15,15–21 :: Bl: Markus 14,26–31

3. Freitag **Wohl dem Volk, das jauchzen kann! Herr, sie werden im Licht deines Antlitzes wandeln.**

Psalm 89,16

Wandelt als Kinder des Lichts; die Frucht des Lichts ist lauter Güte und Gerechtigkeit und Wahrheit.

Epheser 5,8–9

Lass uns von deiner Gnade singen und froh durch unsre Tage gehn, lass uns um alle Menschen ringen, die noch in Nacht und Dunkel stehn. Lass preisen uns und jubilieren und lass uns deine Wunder schaun, dass wir die Herzen zu dir führen und so an deinem Reiche baun. BG 742,3 Albert Bartsch

Kl: Hebräer 10,1.11–18 :: Bl: Markus 14,32–42

4. Samstag **Warum sollen die Heiden sagen: Wo ist denn ihr Gott? Unser Gott ist im Himmel; er kann schaffen, was er will.** *Psalm 115,2.3*

Gottes unsichtbares Wesen – das ist seine ewige Kraft und Gottheit – wird seit der Schöpfung der Welt, wenn man es wahrnimmt, ersehen an seinen Werken. *Römer 1,20*

In deiner Schöpfung birgt sich dein Gesicht, in stiller Ordnung, die den Kosmos hält, in Pflanze, Tier und Vielfalt dieser Welt. Was du geschaffen hast, verlässt du nicht. BG 53,1 Joachim Vobbe

Kl: Lukas 18,31–43 :: Bl: Markus 14,43–52

---

6. SONNTAG DER PASSIONSZEIT – PALMSONNTAG

Der Menschensohn muss erhöht werden, auf dass alle, die an ihn glauben, das ewige Leben haben.

Johannes 3,14b.15

Wochenlied: 91 oder 14
Ev: Johannes 12,12–19 :: Ep: Philipper 2,5–11
AT: Jesaja 50,4–9 :: Pr: Markus 14,(1–2)3–9
Bl: Psalm 88

---

5. Sonntag **Lobet Gott in den Versammlungen.**

Psalm 68,27

Als die große Menge, die aufs Fest gekommen war, hörte, dass Jesus nach Jerusalem kommen werde, nahmen sie Palmzweige und gingen hinaus ihm entgegen und schrien: Hosianna! Gelobt sei, der da kommt im Namen des Herrn, der König von Israel!

Johannes 12,12–13

O komm, du Sohn aus Davids Stamm, du Friedensbringer, Osterlamm. Von Schuld und Knechtschaft mach uns frei und von des Bösen Tyrannei. Freut euch, freut euch, der Herr ist nah. Freut euch und singt Halleluja.
19,2 John Mason Neale/Otmar Schulz

6. Montag **Wenn ich auch noch so viele meiner Gebote aufschreibe, so werden sie doch geachtet wie eine fremde Lehre.** *Hosea 8,12*

Jesus spricht: **Ich bin dazu geboren und in die Welt gekommen, dass ich die Wahrheit bezeuge. Wer aus der Wahrheit ist, der hört meine Stimme.** *Joh. 18,37*

O großer Gott, wie konnt es sein, dein Himmelreich zu lassen, zu kommen in die Welt hinein, wo nichts als Neid und Hassen? Wie konntest du die große Macht, dein Königreich, die Freudenpracht, dein selig Gottesleben für solche Feinde geben? BG 180,3 Johann Rist

Kl: Matthäus 26,6–13 :: Bl: Markus 14,53–65

7. Dienstag **Der Herr, der König Israels, ist bei dir, dass du dich vor keinem Unheil mehr fürchten musst.** *Zefanja 3,15*

Jesus sprach zu den Jüngern: **Was seid ihr so furchtsam? Habt ihr noch keinen Glauben?** *Markus 4,40*

Wenn ich mein Hoffnung stell zu dir, so fühl ich Fried und Trost in mir; wenn ich in Nöten bet und sing, so wird mein Herz recht guter Ding. Dein Geist bezeugt, dass solches frei des ewgen Lebens Vorschmack sei.
BG 468,3 Martin Moller

Kl: Hiob 38,1–11 und Hiob 42,1–6 :: Bl: Markus 14,66–72

8. Mittwoch **Erfreue mich wieder mit deiner Hilfe, und mit einem willigen Geist rüste mich aus.** *Psalm 51,14*

Eure Traurigkeit soll zur Freude werden. *Joh. 16,20*

Ich will von deiner Lieblichkeit bei Nacht und Tage singen, mich selbst auch dir nach Möglichkeit zum Freudenopfer bringen. Mein Bach des Lebens soll sich dir und deinem Namen für und für in Dankbarkeit ergießen; und was du mir zugut getan, das will ich stets, so tief ich kann, in mein Gedächtnis schließen.

83,5 Paul Gerhardt

Kl: Lukas 22,1–6 :: Bl: Markus 15,1–15

GRÜNDONNERSTAG

Er hat ein Gedächtnis gestiftet seiner Wunder, der gnädige und barmherzige Herr. *Psalm 111,4*

Lied: 223

Ev: Johannes 13,1–15.34–35

Ep: 1. Korinther 11,(17–22)23–26(27–29.33–34a)

Pr/AT: 2. Mose 12,1–4(5)6–8(9)10–14 :: Bl: Markus 15,16–23

---

9. Donnerstag **Lasst uns gehen, den Herrn anzuflehen und zu suchen den Herrn Zebaoth; wir wollen mit euch gehen.** *Sacharja 8,21*

Als sie den Lobgesang gesungen hatten, gingen sie hinaus an den Ölberg. *Markus 14,26*

Jeder unter uns darf kommen, dass er Teil an dir gewinnt. Alle sind wir angenommen, wie wir hier versammelt sind: froh und traurig, stark und schwach, matt im Glauben oder wach. BG 600,2 Detlev Block

KARFREITAG

Also hat Gott die Welt geliebt, dass er seinen eingeborenen Sohn gab, auf dass alle, die an ihn glauben, nicht verloren werden, sondern das ewige Leben haben.

Johannes 3,16

Lied: 85
Ev: Johannes 19,16–30
Pr/Ep: 2. Korinther 5,(14b–18)19–21
AT: Jesaja 52,13–15; 53,1–12 :: Bl: Markus 15,24–41

10. Freitag **Wohl dem, der den Herrn fürchtet, der große Freude hat an seinen Geboten!** *Psalm 112,1*

Durch seine Wunden seid ihr heil geworden. Denn ihr wart wie irrende Schafe; aber ihr seid nun umgekehrt zu dem Hirten und Bischof eurer Seelen.

1. Petrus 2,24–25

Wir müssen uns immer wieder sehr lange und sehr ruhig in das Leben, Handeln, Leiden und Sterben Jesu versenken, um zu erkennen, was Gott verheißt und was er erfüllt. Gewiss ist, dass im Leiden unsere Freude, im Sterben unser Leben verborgen ist; gewiss ist, dass wir in dem allen in einer Gemeinschaft stehen, die uns trägt. Dietrich Bonhoeffer

11. Samstag **Ach, Herr, wenn unsre Sünden uns verklagen, so hilf doch um deines Namens willen!**

Jeremia 14,7

Christus hat unsre Sünden selbst hinaufgetragen an seinem Leibe auf das Holz, damit wir, den Sünden abgestorben, der Gerechtigkeit leben. *1. Petrus 2,24*

Bruder Christus, abgrundtief hast du für die Welt gelitten, einsam in der Hölle Mitten, bis dich Gott ins Leben rief. Du bist Gottes Angesicht. Nur um deiner Liebe willen will ich meine Klagen stillen, Bruder Christus, Trost und Licht! BG 946,3 Jörg Zink

Kl: 1. Petrus 3,18–22 :: Bl: Markus 15,42–47

OSTERFEST

Christus spricht: Ich war tot, und siehe, ich bin lebendig von Ewigkeit zu Ewigkeit und habe die Schlüssel des Todes und der Hölle. *Offenbarung 1,18*

Lied: 101

Ev/Bl: Markus 16,1–8 :: Ep: 1. Korinther 15,1–11

AT: 1. Samuel 2,1–8a :: Pr: 1. Korinther 15,(12–18)19–28

---

12. Sonntag **Siehe, Finsternis bedeckt das Erdreich und Dunkel die Völker; aber über dir geht auf der Herr, und seine Herrlichkeit erscheint über dir.**

Jesaja 60,2

Maria Magdalena und Maria, die Mutter des Jakobus, und Salome kamen zum Grab am ersten Tag der Woche, sehr früh, als die Sonne aufging. Und sie sprachen untereinander: Wer wälzt uns den Stein von des Grabes Tür? Und sie sahen hin und wurden gewahr, dass der Stein weggewälzt war. *Markus 16,2–4*

Wach auf, mein Herz, die Nacht ist hin, die Sonn ist aufgegangen. Ermuntre deinen Geist und Sinn, den Heiland zu umfangen, der heute durch des Todes Tür gebrochen aus dem Grab herfür der ganzen Welt zur Wonne. 114,1 Lorenz Lorenzen

OSTERMONTAG

Wochenlied: 100 oder 116
Ev: Lukas 24,13–35 :: Ep: 1. Korinther 15,50–58
AT: Jesaja 25,6–9 :: Pr: Lukas 24,36–45
Bl: Markus 16,9–20

13. Montag **Jakob zog seinen Weg. Und es begegneten ihm die Engel Gottes.** *1. Mose 32,2*

Der Engel sprach zu den Frauen: Geht eilends hin und sagt seinen Jüngern: Er ist auferstanden von den Toten. Und siehe, er geht vor euch hin nach Galiläa; da werdet ihr ihn sehen. *Matthäus 28,5.7*

Ich hör die Botschaft: Jesus lebt! Herr, hilf, dass sich mein Herz erhebt aus Kummer, Zweifel, Angst und Leid! Mach es für deinen Trost bereit! Ich hör die Botschaft: Jesus lebt! Ihr Boten, die ihr Hoffnung gebt, führt mich zum Auferstandnen hin, dass ich bei ihm geborgen bin! Herr, steh mir bei!
BG 327,3.4 Friedrich Hofmann

14. Dienstag **Meine Gerechtigkeit ist nahe, mein Heil tritt hervor, und meine Arme werden die Völker richten.** *Jesaja 51,5*

Gelobt sei Gott, der Vater unseres Herrn Jesus Christus, der uns nach seiner großen Barmherzigkeit wiedergeboren hat zu einer lebendigen Hoffnung durch die Auferstehung Jesu Christi von den Toten. *1. Petrus 1,3*

Er ist der Erst, der stark und fest all unsre Feind hat bezwungen und durch den Tod als wahrer Gott zum neuen Leben gedrungen, auch seiner Schar verheißen klar durch sein rein Wort, zur Himmelspfort desgleichen Sieg zu erlangen. 108,2 Georg Vetter

Kl: Johannes 20,1–10 :: Bl: 1. Korinther 15,1–11

15. Mittwoch **Der HERR, dein Gott, ist bei dir gewesen. An nichts hast du Mangel gehabt.** *5. Mose 2,7*

Paulus schreibt: **In allem erweisen wir uns als Diener Gottes: in großer Geduld, in Bedrängnissen, in Nöten, in Ängsten; als die Traurigen, aber allezeit fröhlich; als die Armen, aber die doch viele reich machen; als die nichts haben und doch alles haben.** *2. Korinther 6,4.10*

Solange diese Erde steht, ist Gottes Güte täglich neu. Wir gehn dahin, die Zeit verweht, doch unverwandt steht Gottes Treu. Dank alle Erde Gott, dem Herrn! Welt, dank ihm nun und allezeit, trägt uns doch alle, nah und fern, nur Gnade und Barmherzigkeit!

Arno Pötzsch

Kl: Johannes 20,11–18 :: Bl: 1. Korinther 15,12–19

16. Donnerstag **Weh denen, die weise sind in ihren eigenen Augen und halten sich selbst für klug!** *Jesaja 5,21*

Wir haben nicht empfangen den Geist der Welt, sondern den Geist aus Gott, damit wir wissen, was uns von Gott geschenkt ist. *1. Korinther 2,12*

Gib in unser Herz und Sinnen Weisheit, Rat, Verstand und Zucht, dass wir anders nichts beginnen als nur, was dein Wille sucht; dein Erkenntnis werde groß und mach uns von Irrtum los. 134,2 Heinrich Held

Kl: Johannes 21,1–14 :: Bl: 1. Korinther 15,20–28

17. Freitag **Sei mir ein starker Hort, dahin ich immer fliehen kann, der du zugesagt hast, mir zu helfen.**

Psalm 71,3

Der Herr wird mich erlösen von allem Übel und mich retten in sein himmlisches Reich. *2. Tim. 4,18*

Was ich erträume, hast du schon getan. Seh ich den Weg nicht, gehst du ihn voran. Was ich auch denke bei Tag und bei Nacht, du, Gott, hast immer schon an mich gedacht. Forme mein Wesen und führ meinen Sinn; bring mich zurück, wenn ich nicht bei dir bin. Will meine Seele vor Sehnsucht vergehn, lass du ein Bild deiner Zukunft entstehn. Stefan Weller

Kl: Lukas 24,36–47 :: Bl: 1. Korinther 15,29–34

18. Samstag **Der Storch unter dem Himmel weiß seine Zeit, Turteltaube, Schwalbe und Drossel halten die Zeit ein, in der sie wiederkommen sollen; aber mein Volk will das Recht des Herrn nicht wissen.** *Jeremia 8,7*

Jesus Christus hat sich selbst für uns gegeben, damit er uns erlöste von aller Ungerechtigkeit und reinigte sich selbst ein Volk zum Eigentum, das eifrig wäre zu guten Werken. *Titus 2,14*

Lehr uns, einander zu vergeben, wie du in Christus uns getan. Herr, gib uns teil an deinem Leben, dass nichts von dir uns scheiden kann. Mach uns zu deinem Lob bereit, heut, morgen und in Ewigkeit.
240,3 Walter Heinecke

Kl: Lukas 24,1–12 :: Bl: 1. Korinther 15,35–49

---

1. SONNTAG NACH OSTERN – QUASIMODOGENITI
(Wie die neugeborenen Kindlein. 1. Petrus 2,2)

Gelobt sei Gott, der Vater unseres Herrn Jesus Christus, der uns nach seiner großen Barmherzigkeit wiedergeboren hat zu einer lebendigen Hoffnung durch die Auferstehung Jesu Christi von den Toten. *1. Petrus 1,3*

Wochenlied: 108 oder 117
Ev: Johannes 20,19–20(21–23)24–29
Ep: 1. Petrus 1,3–9 :: Pr/AT: Jesaja 40,26–31
Bl: Psalm 16

---

19. Sonntag **Er behütete sein Volk wie seinen Augapfel.** *5. Mose 32,10*

Fürchte dich nicht, du kleine Herde! Denn es hat eurem Vater wohlgefallen, euch das Reich zu geben.
Lukas 12,32

Er lässt nicht gleiten deinen Fuß, dein Hüter schlummert nicht, wenn dir's an Kraft gebricht, er schläft nicht, wenn er helfen muss; sieh, Israels Gebieter ist auch dein Gott und Hüter. BG 874,2 Matthias Jorissen

20. Montag Der HERR sprach: **Dazu habe ich Abraham auserkoren, dass er seinen Kindern befehle und seinem Hause nach ihm, dass sie des HERRN Wege halten und tun, was recht und gut ist.** *1. Mose 18,19*

Befreit von der Sünde und in den Dienst Gottes gestellt, habt ihr die Frucht, die Heiligung schafft, und als Ziel ewiges Leben. *Römer 6,22*

So gehen wir durch Gottes Macht einher in seiner Stärke, die uns bewahrt und fähig macht zu allem guten Werke. BG 326,7 Christian Gregor

Kl: 1. Mose 32,22b–32 :: Bl: 1. Korinther 15,50–58

21. Dienstag **Sie zogen Daniel aus der Grube heraus, und man fand keine Verletzung an ihm; denn er hatte seinem Gott vertraut.** *Daniel 6,24*

Wachet, steht im Glauben, seid mutig und seid stark! *1. Korinther 16,13*

So achten wir der Angst nicht mehr, denn Christus selbst ist unser Herr. Der König, der den Tod bezwingt, so dass dem Bösen nichts gelingt, die Wahrheit selbst zum Siege bringt.
BG 560,2 Johann Augusta/Benigna Carstens

Kl: Hiob 42,7–13(14–17) :: Bl: 1. Korinther 16,1–12

22. Mittwoch **Ich schwor dir's und schloss mit dir einen Bund, spricht Gott der HERR, und du wurdest mein.** *Hesekiel 16,8*

Ihr seid alle durch den Glauben Gottes Kinder in Christus Jesus. *Galater 3,26*

Du hast zu deinem Kind und Erben, mein lieber Vater, mich erklärt; du hast die Frucht von deinem Sterben, mein treuer Heiland, mir gewährt; du willst in aller Not und Pein, o guter Geist, mein Tröster sein.
200,2 Johann Jakob Rambach
Kl: Jesaja 66,6–13 :: Bl: 1. Korinther 16,13–24

23. Donnerstag **Ich habe dich bereitet, dass du mein Knecht seist. Israel, ich vergesse dich nicht!**
Jesaja 44,21

Werft euer Vertrauen nicht weg, welches eine große Belohnung hat. *Hebräer 10,35*

Wir danken dir, Herr, unser Gott: Wie du dein Volk Israel von Anfang an liebst und nicht vergisst, so sind auch wir bei dir nicht vergessen und in deiner Liebe aufgehoben. Daran wollen wir uns erinnern und täglich darauf neu vertrauen. *
Kl: Johannes 17,9–19 :: Bl: 1. Petrus 1,1–12

24. Freitag **Herr, gedenke doch an deinen Bund mit uns und lass ihn nicht aufhören!** *Jeremia 14,21*

Gott ist treu, durch den ihr berufen seid zur Gemeinschaft seines Sohnes Jesus Christus, unseres Herrn.
1. Korinther 1,9

Ohn dich wir hätten keinen, der uns hier trägt und hält. Wir aber sind die Deinen vom Anbeginn der Welt. Du bist der große Treue im Leben und im Tod. Wir bergen uns aufs Neue in dir, du unser Gott!
BG 881,3 Arno Pötzsch
Kl: 1. Petrus 2,1–10 :: Bl: 1. Petrus 1,13–16

25. Samstag **Der HERR wird sich wieder über dich freuen, dir zugut, wie er sich über deine Väter gefreut hat.** *5. Mose 30,9*

Jesus spricht: **Wenn ihr meine Gebote haltet, bleibt ihr in meiner Liebe, so wie ich meines Vaters Gebote gehalten habe und bleibe in seiner Liebe. Das habe ich euch gesagt, auf dass meine Freude in euch sei und eure Freude vollkommen werde.** *Johannes 15,10–11*

Gott, was wir auch tun und lassen, du bleibst der Barmherzige. Du nimmst uns an. Deiner unendlichen Liebe ist alles möglich. Gib uns die Kraft, in der Nachfolge Jesu Christi bei dir zu bleiben, zu deiner Freude, zu unserm Heil, zur Ausbreitung deines Reiches.

Huub Oosterhuis

Kl: Apostelgeschichte 8,26–39 :: Bl: 1. Petrus 1,17–21

---

2. SONNTAG NACH OSTERN MISERIKORDIAS DOMINI

(Die Erde ist voll der Güte des HERRN. Psalm 33,5)

Christus spricht: Ich bin der gute Hirte. Meine Schafe hören meine Stimme, und ich kenne sie, und sie folgen mir; und ich gebe ihnen das ewige Leben.

Johannes 10,11a.27–28a

Wochenlied: 274 oder 358

Ev: Johannes 10,11–16(27–30) :: Pr/Ep: 1. Petrus 2,21b–25

AT: Hesekiel 34,1–2(3–9)10–16.31 :: Bl: Psalm 136

---

26. Sonntag **Ich rief zu dem HERRN in meiner Angst, und er antwortete mir.** *Jona 2,3*

Da kam einer von den Vorstehern der Synagoge, mit Namen Jaïrus. Und als er Jesus sah, fiel er ihm zu Füßen und bat ihn sehr und sprach: Meine Tochter liegt in den letzten Zügen; komm und lege ihr die Hände auf, dass sie gesund werde und lebe. Und er ging hin mit ihm. *Markus 5,22–24*

Ich lobe meinen Gott, der aus der Tiefe mich holt, damit ich lebe. Ich lobe meinen Gott, der mir die Fesseln löst, damit ich frei bin. Ehre sei Gott auf der Erde in allen Straßen und Häusern, die Menschen werden singen, bis das Lied zum Himmel steigt. Ehre sei Gott und den Menschen Frieden, Frieden auf Erden.
BG 737,1 Hans-Jürgen Netz

27. Montag **Adam versteckte sich mit seiner Frau vor dem Angesicht Gottes des Herrn.** *1. Mose 3,8*

Ihr habt nicht einen Geist der Knechtschaft empfangen, dass ihr euch abermals fürchten müsstet; sondern ihr habt einen Geist der Kindschaft empfangen, durch den wir rufen: Abba, lieber Vater! *Römer 8,15*

Der Herr, der Heiland, unser Licht, uns leuchten lass sein Angesicht, dass wir ihn schaun und glauben frei, dass er uns ewig gnädig sei. 140,3 Gerhard Tersteegen

Kl: Johannes 10,1–10 :: Bl: 1. Petrus 1,22–25

28. Dienstag **So richtet nun euer Herz und euren Sinn darauf, den Herrn, euren Gott, zu suchen.**
1. Chronik 22,19

Lauft so, dass ihr den Siegespreis erlangt.
1. Korinther 9,24

So halt an deiner Treue ich/mich fest, o Herr, und bitte dich: Lass deines Lebens Kraft allein/die Quelle meines Lebens sein. Johann Amos Comenius

Kl: Matthäus 9,35–10,1(2–4)5–7 :: Bl: 1. Petrus 2,1–10

29. Mittwoch **Alles, was dir vor die Hände kommt, es zu tun mit deiner Kraft, das tu.** *Prediger 9,10*

Seid nicht träge in dem, was ihr tun sollt. Seid brennend im Geist. Dient dem Herrn. *Römer 12,11*

Herr, ich bin ein fauler Esel, darum komme ich zu dir, damit du mir hilfst und mein Herz anzündest.

Martin Luther

Kl: Johannes 17,20–26 :: Bl: 1. Petrus 2,11–17

30. Donnerstag **Gott ist dennoch Israels Trost für alle, die reinen Herzens sind.** *Psalm 73,1*

Ihr Lieben, wenn uns unser Herz nicht verdammt, so reden wir freimütig zu Gott, und was wir bitten, empfangen wir von ihm; denn wir halten seine Gebote und tun, was vor ihm wohlgefällig ist.

1. Johannes 3,21–22

Ich halte mich getrost zu dir, du aber hältst dich auch zu mir, und das ist meine Freude. Ich setze meine Zuversicht auf dich, mein Fels, der nicht zerbricht, in Freud und auch im Leide. Du sollst mein Alles und allein in meinem Herz und Munde sein.

Erdmann Neumeister

Kl: Epheser 4,(8–10)11–16 :: Bl: 1. Petrus 2,18–25

MAI

Monatsspruch: Dient einander als gute Verwalter der vielfältigen Gnade Gottes, jeder mit der Gabe, die er empfangen hat! *1. Petrus 4,10*

1. Freitag **Ist denn die Hand des Herrn zu kurz?**
4. Mose 11,23

Schaut die Lilien auf dem Feld an, wie sie wachsen: Sie arbeiten nicht, auch spinnen sie nicht. Ich sage euch, dass auch Salomo in aller seiner Herrlichkeit nicht gekleidet gewesen ist wie eine von ihnen. Darum sollt ihr nicht sorgen und sagen: Was werden wir essen? Was werden wir trinken? Womit werden wir uns kleiden? *Matthäus 6,28–29.31*

Herr, dir sei Lob und Ehre für solche Gaben dein! Die Blüt zur Frucht vermehre, lass sie ersprießlich sein. Es steht in deinen Händen, dein Macht und Güt ist groß; drum wollst du von uns wenden Mehltau, Frost, Reif und Schloß'. 501,2 Martin Behm

Kl: Matthäus 26,30–35 :: Bl: 1. Petrus 3,1–7

2. Samstag **Verwirf mich nicht von deinem Angesicht, und nimm deinen heiligen Geist nicht von mir.**
Psalm 51,13

Wir danken Gott, dem Vater unseres Herrn Jesus Christus. Er hat uns errettet aus der Macht der Finsternis und hat uns versetzt in das Reich seines geliebten Sohnes. *Kolosser 1,3.13*

Nimm mir, was mich quält, gib mir, was noch fehlt. Lass von allem argen Wesen meine Seele recht genesen; lass durch dich mich rein, dir gefällig sein!
BG 713,6 Philipp Spitta

Kl: Johannes 14,1–6 :: Bl: 1. Petrus 3,8–12

---

3. SONNTAG NACH OSTERN – JUBILATE
(Jauchzet Gott, alle Lande! Psalm 66,1)

Ist jemand in Christus, so ist er eine neue Kreatur; das Alte ist vergangen, siehe, Neues ist geworden.
2. Korinther 5,17

Wochenlied: 110 oder 432
Pr/Ev: Johannes 15,1–8 :: Ep: Apostelgeschichte 17,22–34
AT: 1. Mose 1,1–4a(4b–25)26–28(29–30)31a(31b); 2,1–4a
Bl: Psalm 148

---

3. Sonntag **Abner rief Joab zu: Soll denn das Schwert ohne Ende fressen? Weißt du nicht, dass daraus am Ende nur Jammer kommen wird?** *2. Samuel 2,26*

Zum Frieden hat euch Gott berufen. *1. Korinther 7,15*

Der Friede, den Gott gibt, will bei uns Brücken schlagen. Er hebt die Grenzen auf, mit denen wir uns schaden. Er bricht die Zäune ab, an denen wir gebaut: Sein Friede ist die Kraft, aus der man lieben kann.
Johannes Kuhn

3. Mai 1728: Beginn der Losungen in Herrnhut

4. Montag **Die er aus den Ländern zusammengebracht hat von Osten und Westen, von Norden und Süden: Die sollen dem HERRN danken für seine Güte und für seine Wunder, die er an den Menschenkindern tut.** *Psalm 107,3.8*

Der Knecht im Gleichnis sprach: **Herr, es ist geschehen, was du befohlen hast; es ist aber noch Raum da. Und der Herr sprach zu dem Knecht: Geh hinaus auf die Landstraßen und an die Zäune und nötige sie hereinzukommen, dass mein Haus voll werde.**

Lukas 14,22–23

Zünd in uns dein Feuer an, dass die Herzen gläubig brennen und, befreit von Angst und Wahn, wir als Menschen uns erkennen, die sich über Meer und Land reichen fest die Friedenshand. Karl von Greyerz

Kl: 1. Mose 1,6–8 :: Bl: 1. Petrus 3,13–17

5. Dienstag **Gott breitet den Himmel aus und geht auf den Wogen des Meers. Er macht den Großen Wagen am Himmel und den Orion und das Siebengestirn und die Sterne des Südens.** *Hiob 9,8.9*

Christus ist das Ebenbild des unsichtbaren Gottes, der Erstgeborene vor aller Schöpfung. Denn in ihm ist alles geschaffen, was im Himmel und auf Erden ist, das Sichtbare und das Unsichtbare.

Kolosser 1,15–16

Himmel, lobe prächtig deines Schöpfers Taten mehr als aller Menschen Staaten. Großes Licht der Sonne, schieße deine Strahlen, die das große Rund bemalen. Lobet gern, Mond und Stern, seid bereit, zu ehren einen solchen Herren. 327,2 Joachim Neander

Kl: 1. Mose 1,9–13 :: Bl: 1. Petrus 3,18–22

6. Mittwoch **Ich will die Finsternis vor ihnen her zum Licht machen und das Höckerige zur Ebene.**

Jesaja 42,16

Durch die herzliche Barmherzigkeit unseres Gottes wird uns besuchen das aufgehende Licht aus der Höhe, auf dass es erscheine denen, die sitzen in Finsternis und Schatten des Todes, und richte unsere Füße auf den Weg des Friedens. *Lukas 1,78–79*

Bereitet, bereitet den Weg dem Herrn, blicket auf, euer König kommt! Er strahlt auf wie ein heller Morgenstern, dessen Licht nie wieder verglimmt. Macht die Bahnen gerade, lasst die Umwege sein, füllt die Schluchten der Verzagtheit und Furcht! Reißt die Berge und Hügel des Hochmuts ein, ebnet holprige Wege und horcht, denn es hallt: Das Heil Gottes erscheint aller Welt! BG 133,1 Jesus-Bruderschaft Gnadenthal

Kl: 1. Mose 1,14–19 :: Bl: 1. Petrus 4,1–11

7. Donnerstag **Du bist ein Gott der Vergebung, gnädig und barmherzig, langmütig und reich an Güte.** *Nehemia 9,17*

Sind wir untreu, so bleibt er treu; denn er kann sich selbst nicht verleugnen. *2. Timotheus 2,13*

Das muss ich dir, mein Gott, bekennen, das rühm ich, wenn ein Mensch mich fragt; ich kann es nur Erbarmung nennen, so ist mein ganzes Herz gesagt. Ich beuge mich und bin erfreut und rühme die Barmherzigkeit. 355,3 Philipp Friedrich Hiller

Kl: 1. Mose 1,20–23 :: Bl: 1. Petrus 4,12–19

8. Freitag **Herr, lass mir deine Barmherzigkeit widerfahren, dass ich lebe.** *Psalm 119,77*

Die Schwiegermutter Simons aber lag darnieder und hatte das Fieber; und alsbald sagten sie Jesus von ihr. Und er trat zu ihr, ergriff sie bei der Hand und richtete sie auf; und das Fieber verließ sie. *Markus 1,30–31*

Manchmal spüren wir Gottes Liebe, manchmal spüren wir nichts. Begleite uns, Herr, wenn die Ängste kommen. BG 425,3 Kurt Marti/Arnim Juhre

Kl: 1. Mose 1,24–31 :: Bl: 1. Petrus 5,1–7

9. Samstag **Der Herr, dein Gott, hat dich gesegnet in allen Werken deiner Hände.** *5. Mose 2,7*

Nun fordert man nicht mehr von den Haushaltern, als dass sie für treu befunden werden. *1. Kor. 4,2*

Ich danke dir, Herr, dass ich weiß: du segnest mich. Das macht mich dankbar für das, was gelingt, und macht mir wertvoll, was ich nicht geachtet habe. Dein Segen hilft mir, sorgsam umzugehen mit dem, was du mir anvertraut hast, und gibt mir die Kraft für alles, was mir heute und in den nächsten Tagen aufgetragen ist. *

Kl: 1. Mose 2,1–3 :: Bl: 1. Petrus 5,8–14

---

4. SONNTAG NACH OSTERN – KANTATE
(Singet dem HERRN ein neues Lied! Psalm 98,1)

Singet dem HERRN ein neues Lied, denn er tut Wunder. *Psalm 98,1*

Wochenlied: 302

Ev: Lukas 19,37–40 :: Ep: Kolosser 3,12–17

AT: 1. Samuel 16,14–23

Pr: 2. Chronik 5,2–5(6–11)12–14 :: Bl: Psalm 149

---

10. Sonntag **Tu, was dir vor die Hand kommt; denn Gott ist mit dir.** *1. Samuel 10,7*

Der Herr aber wird dir in allen Dingen Einsicht geben. *2. Timotheus 2,7*

All mein Tun und all mein Lassen sei dir, Herr, anheim gestellt. Führe mich auf rechter Straßen, mach's mit mir, wie dir's gefällt. Schenk zur Arbeit rechten Fleiß, lehre mich, was ich nicht weiß, zeige mir, was ich nicht sehe, leite mich, wohin ich gehe.

BG 909,1 Hamburg 1684

11. Montag **Gott, wir haben mit unsern Ohren gehört, unsre Väter haben's uns erzählt, was du getan hast zu ihren Zeiten, vor alters.** *Psalm 44,2*

Maria setzte sich dem Herrn zu Füßen und hörte seiner Rede zu. *Lukas 10,39*

Gott, meine Ohren hören tausend Stimmen, werden müde. Ich will nicht mehr verstehen, was ohne Unterbrechung zu mir dringt. Hilf mir zu unterscheiden, was wesentlich für mich ist. Schenke mir, Gott, die Gabe Marias, zu hören und das Gehörte im Herzen zu bewegen. Susanne Breit-Keßler

Kl: 2. Mose 15,(1–11)19–21 :: Bl: 1. Timotheus 1,1–11

12. Dienstag Der HERR sprach zu Salomo: **Bitte, was ich dir geben soll! Salomo sprach: Du wollest deinem Knecht ein gehorsames Herz geben, dass er dein Volk richten könne und verstehen, was gut und böse ist.** *1. Könige 3,5.9*

Paulus schreibt: **Ich bete darum, dass eure Liebe immer noch reicher werde an Erkenntnis und aller Erfahrung, sodass ihr prüfen könnt, was das Beste sei.** *Philipper 1,9–10*

Herr, schenke mir himmlische Weisheit, die mir einleuchtet und die mich lehrt, dich zu suchen und zu finden. Schenke mir Einsicht in menschliches Verhalten, sodass ich gerecht handeln kann. Nur durch deine Weisheit, Herr, vermag ich auf dem begonnenen Weg sicher fortzuschreiten. Peter Dyckhoff

Kl: 1. Samuel 16,14–23 :: Bl: 1. Timotheus 1,12–20

13. Mittwoch **Du allein kennst das Herz aller Menschenkinder.** *1. Könige 8,39*

Unser Herr Jesus Christus, und Gott, unser Vater, der uns geliebt und uns einen ewigen Trost gegeben hat und eine gute Hoffnung durch Gnade, der tröste eure Herzen und stärke euch in allem guten Werk und Wort. *2. Thessalonicher 2,16–17*

Mach, o du Geist, du Tröster, mein Herz gewiss und neu, dass ich, des Herrn Erlöster, aus Lieb dir folgsam sei. Lass nichts von ihm mich treiben, kein Glück und keine Not; bei Jesus hilf mir bleiben, getreu bis in den Tod. BG 707,3 Karl Bernhard Garve

Kl: Römer 15,14–21 :: Bl: 1. Timotheus 2,1–7

14. Donnerstag **Meint ihr, dass ihr Gott täuschen werdet, wie man einen Menschen täuscht?** *Hiob 13,9*

Erforscht euch selbst, ob ihr im Glauben steht; prüft euch selbst! Oder erkennt ihr an euch selbst nicht, dass Jesus Christus in euch ist? *2. Korinther 13,5*

Herr, enttäusche uns, wenn wir uns und unser Werk selbst überschätzen. Befreie uns aus unseren Rollen, die wir meinen spielen zu müssen und die uns gefangen halten. Bringe zur Entfaltung, was in uns steckt, denn du hast in unserem Leben Wohnung genommen. *

Kl: 1. Korinther 14,6–9.15–19 :: Bl: 1. Timotheus 2,8–15

15. Freitag **Der Herr erhörte unser Schreien und sah unser Elend, unsere Angst und Not.** *5. Mose 26,7*

Sollte Gott nicht auch Recht schaffen seinen Auserwählten, die zu ihm Tag und Nacht rufen, und sollte er bei ihnen lange warten? *Lukas 18,7*

Herr, unsre Not ist deine Zeit; und mag uns immer grauen: Du bist der Herr und bist nicht weit und hilfst, wenn wir vertrauen. BG 575,5 Arno Pötzsch

Kl: Offenbarung 5,6–14 :: Bl: 1. Timotheus 3,1–13

16. Samstag **Der Himmel wird wie ein Rauch vergehen und die Erde wie ein Kleid zerfallen, und die darauf wohnen, werden wie Mücken dahinsterben. Aber mein Heil bleibt ewiglich.** *Jesaja 51,6*

Jesus spricht: **Himmel und Erde werden vergehen; aber meine Worte werden nicht vergehen.** *Lukas 21,33*

Der Mensch lebt und bestehet nur eine kleine Zeit, und alle Welt vergehet mit ihrer Herrlichkeit. Es ist nur Einer ewig und an allen Enden und wir in seinen Händen. Matthias Claudius

Kl: Johannes 6,(60–62)63–69 :: Bl: 1. Timotheus 3,14–16

Missionsopferwoche

---

5. SONNTAG NACH OSTERN – ROGATE (Betet!)

Gelobt sei Gott, der mein Gebet nicht verwirft noch seine Güte von mir wendet. *Psalm 66,20*

Wochenlied: 344

Ev: Lukas 11,(1–4)5–13 :: Ep: 1. Timotheus 2,1–6a

AT: 2. Mose 32,7–14 :: Pr: Matthäus 6,5–15 :: Bl: Psalm 92

---

17. Sonntag **Der Herr, unser Gott, neige unser Herz zu ihm, dass wir wandeln in allen seinen Wegen.**
1. Könige 8,58

Wie ihr nun angenommen habt den Herrn Christus Jesus, so lebt auch in ihm, verwurzelt und gegründet in ihm und fest im Glauben, wie ihr gelehrt worden seid, und voller Dankbarkeit. *Kolosser 2,6–7*

Herr, wir gehen unsere Wege, manchmal zielstrebig und bewusst, öfters zweifelnd und von der Frage geplagt, ob wir nicht Irrwege gehen. Du aber wartest auf uns, wenn wir den richtigen Weg noch nicht gefunden haben. Wir hoffen auf dich, Gott, unser Herr. Klaus Bannach

18. Montag **Herr, du gabst unsern Vätern deinen guten Geist, sie zu unterweisen.** *Nehemia 9,20*

Jesus spricht: **Der Tröster, der Heilige Geist, den mein Vater senden wird in meinem Namen, der wird euch alles lehren und euch an alles erinnern, was ich euch gesagt habe.** *Johannes 14,26*

Schmückt das Fest mit Maien, lasset Blumen streuen, zündet Opfer an; denn der Geist der Gnaden hat sich eingeladen, machet ihm die Bahn! Nehmt ihn ein, so wird sein Schein euch mit Licht und Heil erfüllen und den Kummer stillen. 135,1 Benjamin Schmolck

Kl: Markus 1,32–39 :: Bl: 1. Timotheus 4,1–5

19. Dienstag **So kehrt nun um von euren bösen Wegen. Warum wollt ihr sterben?** *Hesekiel 33,11*

Zachäus aber trat herzu und sprach zu dem Herrn: Siehe, Herr, die Hälfte von meinem Besitz gebe ich den Armen, und wenn ich jemanden betrogen habe, so gebe ich es vierfach zurück. *Lukas 19,8*

Glaubst du auch nicht, bleibt er doch treu. Er hält, was er verkündet. Er wird Geschöpf – und schafft dich neu, den er in Unheil findet. Weil er sich nicht verleugnen kann, sieh ihn, nicht deine Schuld mehr an. Er hat sich selbst gebunden. Er sucht: Du wirst gefunden!
BG 207,3 Jochen Klepper

Kl: Lukas 18,1–8 :: Bl: 1. Timotheus 4,6–5,2

20. Mittwoch **Der Gerechte erkennt die Sache der Armen.** *Sprüche 29,7*

Gott ist nicht ungerecht, dass er vergäße euer Werk und die Liebe, die ihr seinem Namen erwiesen habt, indem ihr den Heiligen dientet und noch dient. *Hebräer 6,10*

Christsein wird heute nur in zweierlei bestehen: Im Beten und im Tun des Gerechten unter den Menschen.
Dietrich Bonhoeffer

Kl: Markus 9,14–29 :: Bl: 1. Timotheus 5,3–16

CHRISTI HIMMELFAHRT

Christus spricht: Wenn ich erhöht werde von der Erde, so will ich alle zu mir ziehen. *Johannes 12,32*

Lied: 123

Ev: Lukas 24,(44–49)50–53 :: Ep: Apostelgeschichte 1,3–11

AT: 1. Könige 8,22–24.26–28 :: Pr: Johannes 17,20–26

Bl: Philipper 2,6–11

---

21. Donnerstag **Die ihr den Herrn liebet, hasset das Arge!** *Psalm 97,10*

Lasst uns wahrhaftig sein in der Liebe und wachsen in allen Stücken zu dem hin, der das Haupt ist, Christus. *Epheser 4,15*

Liebe, hast du es geboten, dass man Liebe üben soll, o so mache doch die toten, trägen Geister lebensvoll. Zünde an die Liebesflamme, dass ein jeder sehen kann: Wir, als die von einem Stamme, stehen auch für einen Mann. 251,6 Nikolaus Ludwig von Zinzendorf

22. Freitag **Ist nicht Ephraim mein teurer Sohn und mein liebes Kind? Denn sooft ich ihm auch drohe, muss ich doch seiner gedenken; darum bricht mir mein Herz, dass ich mich seiner erbarmen muss, spricht der Herr.** *Jeremia 31,20*

Als der Sohn noch weit entfernt war, sah ihn sein Vater und es jammerte ihn, und er lief und fiel ihm um den Hals und küsste ihn. *Lukas 15,20*

Herr, du willst nichts, was dein ist, missen. Drum will dein Herz auch jedermann ohn Unterschied geholfen wissen; und weil sich keiner helfen kann, so willst du allen insgemein selbst Helfer und Bekehrer sein.
BG 688,2 Henriette Katharina von Gersdorf

Kl: Johannes 18,33–38 :: Bl: 1. Timotheus 5,17–25

23. Samstag Mose sprach: **Siehe, ich lege euch heute vor den Segen und den Fluch: den Segen, wenn ihr gehorcht den Geboten des Herrn, eures Gottes, die ich euch heute gebiete; den Fluch aber, wenn ihr nicht gehorchen werdet den Geboten des Herrn, eures Gottes.** *5. Mose 11,26–28*

Dient dem Herrn Christus! Denn wer unrecht tut, der wird empfangen, was er unrecht getan hat; und es gilt kein Ansehen der Person. *Kolosser 3,24–25*

Barmherziger Gott, hilf mir, dass ich alles zurückweise, was nicht von dir kommt, und alles, was von dir kommt, im Glauben, in Hoffnung und Liebe annehme. Gib mir den Mut, dir würdig zu dienen, Gerechtigkeit über Eigennutz zu stellen und Gutes zu tun über das Vergnügen des Augenblicks. Lass das Licht deiner Schönheit, Güte und Liebe in meiner Seele scheinen.

Nach Metropolit Philaret

Kl: Offenbarung 4,1–11 :: Bl: 1. Timotheus 6,1–10

Weltgebetswoche für die Einheit der Christen
(Ökumenische Gebetswoche)

---

6. SONNTAG NACH OSTERN – EXAUDI
(Herr, höre meine Stimme! Psalm 27,7)

Christus spricht: Wenn ich erhöht werde von der Erde, so will ich alle zu mir ziehen. *Johannes 12,32*

Wochenlied: 128 oder 136

Ev: Johannes 16,5–15 :: Ep: Epheser 3,14–21

Pr/AT: Jeremia 31,31–34 :: Bl: Psalm 131

---

24. Sonntag **Bei dir ist die Vergebung, dass man dich fürchte.** *Psalm 130,4*

Wie der Herr euch vergeben hat, so vergebt auch ihr! *Kolosser 3,13*

Wir kennen dein Gebot, einander beizustehen, und können oft nur uns und unsre Nöte sehen. O Herr, nimm unsre Schuld, die Dinge, die uns binden, und hilf, dass wir durch dich den Weg zum andern finden. 235,3.4 Hans-Georg Lotz

25. Montag **Herr, frühe wollest du meine Stimme hören, frühe will ich mich zu dir wenden und aufmerken.** *Psalm 5,4*

Betet allezeit mit allem Bitten und Flehen im Geist und wacht dazu mit aller Beharrlichkeit und Flehen für alle Heiligen. *Epheser 6,18*

In dir sein, Gott, das ist alles, was ich suche. Ich will nicht den Menschen entfliehen oder ihnen ausweichen. Stellvertretend möchte ich schweigen und wachen für die Schlaflosen, für die Zerstreuten, für die Leidenden um mich her. Stellvertretend für alle, die dich nicht finden. In dir sein, Gott, das ist alles, was ich mir erbitte. Jörg Zink

Kl: Hesekiel 11,14–20 :: Bl: 1. Timotheus 6,11–16

26. Dienstag **Der Herr schaut vom Himmel auf die Menschenkinder, dass er sehe, ob jemand klug sei und nach Gott frage.** *Psalm 14,2*

Stellt euch nicht dieser Welt gleich, sondern ändert euch durch Erneuerung eures Sinnes, auf dass ihr prüfen könnt, was Gottes Wille ist, nämlich das Gute und Wohlgefällige und Vollkommene. *Römer 12,2*

Ich bitte nicht um Überfluss und Schätze dieser Erden. Lass mir, so viel ich haben muss, nach deiner Gnade werden. Gib mir nur Weisheit und Verstand, dich, Gott, und den, den du gesandt, und mich selbst zu erkennen.
Christian Fürchtegott Gellert

Kl: 1. Johannes 4,1–6 :: Bl: 1. Timotheus 6,17–21

27. Mittwoch **Der Herr wird's vollenden um meinetwillen.** *Psalm 138,8*

Paulus schreibt: **Ich bin darin guter Zuversicht, dass der in euch angefangen hat das gute Werk, der wird's auch vollenden bis an den Tag Christi Jesu.**
Philipper 1,6

Stark ist meines Jesu Hand und er wird mich ewig fassen, hat zu viel an mich gewandt, um mich wieder loszulassen. Mein Erbarmer lässt mich nicht; das ist meine Zuversicht. BG 757,1 Karl Bernhard Garve

Kl: Jesaja 32,11–18 :: Bl: 2. Timotheus 1,1–12

28. Donnerstag **Wende dich zu mir und sei mir gnädig; denn ich bin einsam und elend.** *Psalm 25,16*

Der Kranke antwortete Jesus: Herr, ich habe keinen Menschen, der mich in den Teich bringt, wenn das Wasser sich bewegt; wenn ich aber hinkomme, so steigt ein anderer vor mir hinein. Jesus spricht zu ihm: Steh auf, nimm dein Bett und geh hin! *Joh. 5,7–8*

Aus der Tiefe rufe ich zu dir: Herr, achte auf mein Flehen, aus der Tiefe rufe ich zu dir: Ich will nicht untergehen. Aus der Tiefe rufe ich zu dir: Nur dir will ich vertrauen, aus der Tiefe rufe ich zu dir: Auf dein Wort will ich bauen. BG 941,3.4 Uwe Seidel

Kl: Apostelgeschichte 1,12–26 :: Bl: 2. Timotheus 1,13–18

29. Freitag **Meine Zunge soll reden von deiner Gerechtigkeit und dich täglich preisen.** *Psalm 35,28*

Die Jünger kehrten zurück nach Jerusalem mit großer Freude und waren allezeit im Tempel und priesen Gott. *Lukas 24,52–53*

Wir schaun nicht auf uns selbst, auf eigne Werke: Die Freude, Herr, an dir ist unsre Stärke. So lass uns auf dem Weg nicht müßig weilen: Lass deine Freude uns mit vielen teilen. Lindolfo Weingärtner

Kl: Epheser 1,15–23 :: Bl: 2. Timotheus 2,1–13

30. Samstag **Bileam sprach: Wenn mir Balak sein Haus voll Silber und Gold gäbe, so könnte ich doch nicht übertreten das Wort des Herrn.** *4. Mose 22,18*

Wir sind ja nicht wie die vielen, die mit dem Wort Gottes Geschäfte machen; sondern wie man aus Lauterkeit und aus Gott redet, so reden wir vor Gott in Christus. *2. Korinther 2,17*

Hilf, dass ich rede stets, womit ich kann bestehen; lass kein unnützlich Wort aus meinem Munde gehen; und wenn in meinem Amt ich reden soll und muss, so gib den Worten Kraft und Nachdruck ohn Verdruss.
495,3 Johann Heermann
Kl: Johannes 16,5–15 :: Bl: 2. Timotheus 2,14–26

PFINGSTFEST

Es soll nicht durch Heer oder Kraft, sondern durch meinen Geist geschehen, spricht der HERR Zebaoth.
Sacharja 4,6b

Lied: 126
Ev: Johannes 14,15–19(20–23a)23b–27
Pr/Ep: Apostelgeschichte 2,1–21 :: AT: 1. Mose 11,1–9
Bl: Epheser 1,3–14

---

31. Sonntag **Wehe denen, die ein Haus zum andern bringen und einen Acker an den andern rücken, bis kein Raum mehr da ist und ihr allein das Land besitzt!** *Jesaja 5,8*

Wir sind durch einen Geist alle zu einem Leib getauft, wir seien Juden oder Griechen, Sklaven oder Freie, und sind alle mit einem Geist getränkt.
1. Korinther 12,13

Halleluja! Gott Heilger Geist, sei ewiglich von uns gepreist, als Tröster uns gegeben, der uns mit Gaben reich beschenkt, der unser Herz zu Christus lenkt und heiligt unser Leben; führt uns, zeigt uns neue Wege für die Pflege seiner Erde, weckt den Mut, dass Frieden werde. BG 7,3 Darmstadt 1698

JUNI

Monatsspruch: Du allein kennst das Herz aller Menschenkinder. *1. Könige 8,39*

PFINGSTMONTAG

Wochenlied: 129 oder 268
Pr/Ev: Johannes 20,19–23 :: Ep: 1. Korinther 12,4–11
AT: 4. Mose 11,11–12.14–17.24–25(26–30)
Bl: Psalm 150

---

1. Montag **Fürchtet euch nicht und erschreckt nicht! Habe ich's dich nicht schon lange hören lassen und es dir verkündigt? Ihr seid doch meine Zeugen!**
Jesaja 44,8

Was euch gesagt wird in das Ohr, das verkündigt auf den Dächern. *Matthäus 10,27*

Erneure deine Kirche und Gemeinden, gib deinen Segen neu zu ihrem Lauf, dass endlich alle sich in dir vereinen. Verschlossne Türen brech dein Wehen auf. O Heilger Geist kehr bei uns ein, gütig und mütterlich will uns dein Wirken sein. BG 371,3 Wolfgang Polke

2. Dienstag **Mein Herz ist fröhlich in dem HERRN.**
1. Samuel 2,1

Ihn habt ihr nicht gesehen und habt ihn doch lieb; und nun glaubt ihr an ihn, obwohl ihr ihn nicht seht; ihr werdet euch aber freuen mit unaussprechlicher und herrlicher Freude. *1. Petrus 1,8*

In dir ist Freude in allem Leide, o du süßer Jesu Christ! Durch dich wir haben himmlische Gaben, du der wahre Heiland bist; hilfest von Schanden, rettest von Banden. Wer dir vertrauet, hat wohl gebauet, wird ewig bleiben. Halleluja. Zu deiner Güte steht unser G'müte, an dir wir kleben im Tod und Leben; nichts kann uns scheiden. Halleluja 398,1 Cyriakus Schneegaß

Kl: 1. Korinther 14,1–5.27–40 :: Bl: 2. Timotheus 3,1–9

3. Mittwoch **Die Augen des HERRN merken auf die Gerechten und seine Ohren auf ihr Schreien.**

Psalm 34,16

Bittet, so wird euch gegeben; suchet, so werdet ihr finden; klopfet an, so wird euch aufgetan.

Matthäus 7,7

Da jammert Gott in Ewigkeit mein Elend übermaßen; er dacht an sein Barmherzigkeit, er wollt mir helfen lassen; er wandt zu mir das Vaterherz, es war bei ihm fürwahr kein Scherz, er ließ's sein Bestes kosten.
341,4 Martin Luther

Kl: Epheser 1,11–14 :: Bl: 2. Timotheus 3,10–17

4. Donnerstag David sprach zu Goliat: **Du kommst zu mir mit Schwert, Spieß und Sichelschwert, ich aber komme zu dir im Namen des HERRN Zebaoth.**

1. Samuel 17,45

So steht nun fest, umgürtet an euren Lenden mit Wahrheit und angetan mit dem Panzer der Gerechtigkeit und beschuht an den Füßen, bereit für das Evangelium des Friedens. *Epheser 6,14–15*

Herr, gib uns deinen Frieden. Bewahre uns in den Auseinandersetzungen unserer Tage. Sei uns nah, wenn Menschen uns herausfordern und uns ihre Verachtung spüren lassen. Schenke uns Widerstandskraft, gute Einfälle und entwaffnende Worte und Gesten. *

Kl: 2. Korinther 3,2–8(9) :: Bl: 2. Timotheus 4,1–8

5. Freitag **Meine Tränen sind meine Speise Tag und Nacht, weil man täglich zu mir sagt: Wo ist nun dein Gott?** *Psalm 42,4*

Lass dir an meiner Gnade genügen; denn meine Kraft vollendet sich in der Schwachheit.
2. Korinther 12,9

Tröster der Betrübten, Siegel der Geliebten, Geist voll Rat und Tat, starker Gottesfinger, Friedensüberbringer, Licht auf unserm Pfad: Gib uns Kraft und Lebenssaft, lass uns deine teuren Gaben zur Genüge laben.
135,2 Benjamin Schmolck

Kl: Galater 3,1–5 :: Bl: 2. Timotheus 4,9–22

6. Samstag **Wie groß sind Gottes Zeichen und wie mächtig seine Wunder! Sein Reich ist ein ewiges Reich, und seine Herrschaft währet für und für.**
Daniel 3,33

Weil wir ein Reich empfangen, das nicht erschüttert wird, lasst uns dankbar sein und so Gott dienen.
Hebräer 12,28

Er gibt den Geist mir und das Leben, der Erde Kraft, des Himmels Tau. So geh ich, von ihm selbst umgeben, den Weg, dem ich mich anvertrau. BG 872,2 Jörg Zink

Kl: Apostelgeschichte 18,1–11 :: Bl: Titus 1,1–16

TRINITATIS (Dreieinigkeit)

Die Gnade unseres Herrn Jesus Christus und die Liebe Gottes und die Gemeinschaft des Heiligen Geistes sei mit euch allen. *2. Korinther 13,13*

Wochenlied: 139 oder 140
Ev: Johannes 3,1–8(9–13) :: Ep: Römer 11,(32)33–36
AT: Jesaja 6,1–8(9–13) :: Pr: 4. Mose 6,22–27
Bl: Psalm 145

---

7. Sonntag **Der Herr kommt, das Erdreich zu richten. Er wird den Erdkreis richten mit Gerechtigkeit und die Völker, wie es recht ist.** *Psalm 98,9*

Es wird gepredigt werden dies Evangelium vom Reich in der ganzen Welt zum Zeugnis für alle Völker, und dann wird das Ende kommen. *Matthäus 24,14*

Durch dich steht das Himmelstor allen, welche glauben, offen; du stellst uns dem Vater vor, wenn wir kindlich auf dich hoffen; du wirst kommen zum Gericht, wenn der letzte Tag anbricht. 331,7 Ignaz Franz

8. Montag **Redet mit Jerusalem freundlich und predigt ihr, dass ihre Knechtschaft ein Ende hat, dass ihre Schuld vergeben ist.** *Jesaja 40,2*

Auch die Schöpfung wird frei werden von der Knechtschaft der Vergänglichkeit zu der herrlichen Freiheit der Kinder Gottes. *Römer 8,21*

Der Geist des Herrn erweckt den Geist in Sehern und Propheten, der das Erbarmen Gottes weist und Heil in tiefsten Nöten. Seht, aus der Nacht Verheißung blüht; die Hoffnung hebt sich wie ein Lied und jubelt: Halleluja.
BG 380,2 Maria Luise Thurmair

Kl: 2. Mose 3,13–20 :: Bl: Titus 2,1–15

9. Dienstag **Du sollst nicht stehlen.** *2. Mose 20,15*

Niemand suche das Seine, sondern was dem andern dient. *1. Korinther 10,24*

Erheb dein Herz, tu auf dein Ohren, du Volk des Herrn! Hier spricht dein Gott. Merk auf! Er hat dich doch erkoren, zu tun sein heiliges Gebot. Du sollst des andern Gut nicht stehlen. Ich geb es ihm; sein Gut ist mein. Dir soll's am Nötigen nicht fehlen, wirst du gerecht und gütig sein. BG 395,1.9 Ambrosius Lobwasser

Kl: Jesaja 43,8–13 :: Bl: Titus 3,1–15

10. Mittwoch **Das Mehl im Krug ging nicht aus, und der Ölkrug wurde nicht leer, nach dem Wort des HERRN, das dieser durch Elia gesprochen hatte.** *1. Könige 17,16*

Jesus nahm die fünf Brote und zwei Fische und sah auf zum Himmel, dankte und brach die Brote und gab sie den Jüngern, dass sie sie ihnen austeilten, und die zwei Fische teilte er unter sie alle. Und sie aßen alle und wurden satt. *Markus 6,41–42*

Der große Reichtum seiner Güter, sein Wort, das neues Leben schafft, erneut und tröstet die Gemüter; es schallet allzumal mit Kraft. Und welchen Gott schenkt diese Gaben, die werden Wohnung bei ihm haben.
BG 535,4 Ernst Lange

Kl: Apostelgeschichte 17,(16)22–34 :: Bl: Philemon 1–25

11. Donnerstag **Unsre Seele ist entronnen wie ein Vogel dem Netze des Vogelfängers; das Netz ist zerrissen, und wir sind frei.** *Psalm 124,7*

Der Engel des Herrn kam in das Gefängnis und Licht leuchtete auf in dem Raum; und er stieß Petrus in die Seite und weckte ihn und sprach: Steh schnell auf! Und die Ketten fielen ihm von seinen Händen. *Apostelgeschichte 12,7*

Sprich du das Wort, das tröstet und befreit und das mich führt in deinen großen Frieden. Schließ auf das Land, das keine Grenzen kennt, und lass mich unter deinen Kindern leben. Sei du mein täglich Brot, so wahr du lebst. Du bist mein Atem, wenn ich zu dir bete.
382,3 Huub Oosterhuis/Lothar Zenetti

Kl: Epheser 4,1–7 :: Bl: 1. Könige 1,1–27

12. Freitag **Du, Herr, du kennst mich, du siehst mich und prüfst, ob mein Herz bei dir ist.**

Jeremia 12,3

Jesus spricht: **Wie mich mein Vater liebt, so liebe ich euch auch. Bleibt in meiner Liebe!** *Johannes 15,9*

Herr, dir ist nichts verborgen; du schaust mein Wesen ganz. Das Gestern, Heut und Morgen wird hell in deinem Glanz. Du kennst mich bis zum Grund; ob ich mag ruhn, ob gehen, ob sitzen oder stehen, es ist dir alles kund.

BG 74,1 Caspar Ulenberg/Maria Luise Thurmair

Kl: 2. Petrus 1,16–21 :: Bl: 1. Könige 1,28–53

13. Samstag **Aber über das Haus David und über die Bürger Jerusalems will ich ausgießen den Geist der Gnade und des Gebets.** *Sacharja 12,10*

Der Geist hilft unsrer Schwachheit auf. Denn wir wissen nicht, was wir beten sollen, wie sich's gebührt. *Römer 8,26*

Ziehe uns von Neuem auf den Weg des Glaubens, auf den Weg des Betens! Lass uns aus dem Gebet heraus unseren Tag beginnen und mit dem Gebet unseren Tag beschließen. Lass uns dich bitten, dich suchen, dich finden – und dann lass uns empfangen, was wir für unser Leben brauchen. Hans-Gerd Krabbe

Kl: Johannes 14,7–14 :: Bl: 1. Könige 2,1–12

1. SONNTAG NACH TRINITATIS

Wer euch hört, der hört mich; und wer euch verachtet, der verachtet mich. *Lukas 10,16a*

Wochenlied: 365 oder 382

Ev: Lukas 16,19–31 :: Ep: 1. Johannes 4,(13–16a)16b–21

AT: Jeremia 23,16–29 :: Pr: Apostelgeschichte 4,32–37

Bl: Psalm 132

14. Sonntag **Du hast den Menschen zum Herrn gemacht über deiner Hände Werk, alles hast du unter seine Füße getan.** *Psalm 8,7*

So ahmt nun Gott nach als geliebte Kinder und wandelt in der Liebe, wie auch Christus uns geliebt hat. *Epheser 5,1–2*

Die Erde, die du schufst, ist dein. Lass sie uns nicht zerstören und endlich wach und willig sein, auf dein Gebot zu hören. Lob sei dir, Vater, Sohn und Geist, du wirst uns Beistand geben. Der du den Weg zum Guten weist, du liebst und bist das Leben. BG 110,6 Detlev Block

15. Montag **Deine Toten werden leben.** *Jesaja 26,19*

Wir wissen, dass der, der den Herrn Jesus auferweckt hat, wird uns auch auferwecken mit Jesus. *2. Korinther 4,14*

Von oben her uns sende den Geist, den edlen Gast; der stärket uns behände, wenn uns drückt Kreuzeslast. Tröst uns in Todespein, mach auf die Himmelstüre, uns miteinander führe zu deinem Freudenschein!
129,4 Georg Werner

Kl: Apostelgeschichte 4,(1–3)8–21 :: Bl: 1. Könige 3,1–15

16. Dienstag **Das alles hast du dir doch selbst bereitet, weil du den HERRN, deinen Gott, verlässt, sooft er dich den rechten Weg leiten will.** *Jeremia 2,17*

Jesus spricht: **Wenn ihr bleiben werdet an meinem Wort, so seid ihr wahrhaftig meine Jünger.**
Johannes 8,31

Unterbrich uns, Herr, wenn wir beginnen, den Dingen und Sachzwängen mehr Vertrauen zu schenken als dir, während du uns aufrütteln willst und wecken aus Blindheit, damit wir zurückfinden zu dem, was wir sind und wie du es meinst. Clemens Frey

Kl: 2. Korinther 1,23–2,4 :: Bl: 1. Könige 3,16–28

17. Mittwoch **Dienet dem HERRN mit Freuden, kommt vor sein Angesicht mit Frohlocken!**
Psalm 100,2

Sagt Dank dem Vater, der euch tüchtig gemacht hat zu dem Erbteil der Heiligen im Licht. *Kolosser 1,12*

Preis, Lob und Dank sei Gott dem Herren, der seiner Menschen Jammer wehrt und sammelt draus zu seinen Ehren sich eine ewge Kirch auf Erd, die er von Anfang schön erbauet als seine auserwählte Stadt, die allezeit auf ihn vertrauet und tröst' sich solcher großen Gnad. 245,1 Petrus Herbert

Kl: Hesekiel 3,22–27 :: Bl: 1. Könige 5,1–14

17. Juni 1722: Aufbau von Herrnhut begonnen

18. Donnerstag **Noah tat alles, was ihm Gott gebot.**
1. Mose 6,22

Es ist der Glaube eine feste Zuversicht dessen, was man hofft, und ein Nichtzweifeln an dem, was man nicht sieht. *Hebräer 11,1*

Vertraut den neuen Wegen, auf die der Herr uns weist, weil Leben heißt: sich regen, weil Leben wandern heißt. Seit leuchtend Gottes Bogen am hohen Himmel stand, sind Menschen ausgezogen in das gelobte Land.
395,1 Klaus-Peter Hertzsch

Kl: Johannes 21,15–19 :: Bl: 1. Könige 5,15–32

19. Freitag Der HERR spricht: **Ich will dich unterweisen und dir den Weg zeigen, den du gehen sollst.**
Psalm 32,8

Versteht, was der Wille des Herrn ist. *Epheser 5,17*

Wer bist du, Licht, das mich erfüllt und meines Herzens Dunkelheit erleuchtet? Du leitest mich gleich einer Mutter Hand, und ließest du mich los, so wüsste keinen Schritt ich mehr zu gehen. Du bist der Raum, der rund mein Sein umschließt und in sich birgt. Edith Stein

Kl: Jeremia 20,7–11 :: Bl: 1. Könige 6,1–14

20. Samstag **Was der HERR tut, das ist herrlich und prächtig, und seine Gerechtigkeit bleibt ewiglich.**
Psalm 111,3

Es lasse ab von Ungerechtigkeit, wer den Namen des Herrn nennt. *2. Timotheus 2,19*

Ach, Gott, bahne dir doch einen Weg auch zu uns. Und dann nimm uns mit auf deinen Weg des Friedens und der Gerechtigkeit. Hanne Köhler

Kl: Jona 1,1–16 :: Bl: 1. Könige 8,1–14

---

2. SONNTAG NACH TRINITATIS

Kommt her zu mir, alle, die ihr mühselig und beladen seid; ich will euch erquicken. *Matthäus 11,28*

Wochenlied: 213 oder 225

Ev: Lukas 14,(15)16–24 :: Ep: Epheser 2,(11–16)17–22

AT: Jesaja 55,1–5 :: Pr: Matthäus 11,25–30 :: Bl: Psalm 36

---

21. Sonntag **Das ist ein köstlich Ding, dem HERRN danken und lobsingen deinem Namen, du Höchster, des Morgens deine Gnade und des Nachts deine Wahrheit verkündigen.** *Psalm 92,2–3*

Der Gott der Geduld und des Trostes gebe euch, dass ihr einträchtig gesinnt seid untereinander, wie es Christus Jesus entspricht, damit ihr einmütig mit einem Munde Gott lobt, den Vater unseres Herrn Jesus Christus. *Römer 15,5–6*

Gott Lob, der Sonntag kommt herbei, die Woche wird nun wieder neu. Heut hat mein Gott das Licht gemacht, mein Heil hat mir das Leben bracht. Halleluja.

162,1 Johann Olearius

22. Montag **Du krönst das Jahr mit deinem Gut.** *Psalm 65,12*

Alle gute Gabe und alle vollkommene Gabe kommt von oben herab, von dem Vater des Lichts. *Jak. 1,17*

Hilf, dass wir dies Gut der Erden treu verwalten immerfort. Alles soll geheiligt werden durch Gebet und Gottes Wort. Alles, was wir Gutes wirken, ist gesät in deinen Schoß, und du wirst die Ernte senden unaussprechlich reich und groß. 512,6 Heinrich Puchta

Kl: Sprüche 9,1–10 :: Bl: 1. Könige 8,22–40

23. Dienstag **Er sendet seine Rede auf die Erde, sein Wort läuft schnell.** *Psalm 147,15*

Gottes Wort ist nicht gebunden. *2. Timotheus 2,9*

Wo Gottes Wort bei mir ist, finde ich in der Fremde meinen Weg, im Unrecht mein Recht, in der Ungewissheit meinen Halt, in der Arbeit meine Kraft, im Leiden die Geduld. Dietrich Bonhoeffer

Kl: 2. Mose 2,11–15(16–22)23–25 :: Bl: 1. Könige 8,41–53

JOHANNISTAG

Dies ist das Zeugnis Johannes des Täufers: Er muss wachsen, ich aber muss abnehmen. *Johannes 3,30*

Lied: 141 oder 312

Ev: Lukas 1,(5–25)57–66.80

Ep: Apostelgeschichte 19,1–7 :: AT: Jesaja 40,1–8(9–11)

Pr: Matthäus 11,11–19 :: Bl: 1. Könige 8,54–66

---

24. Mittwoch **Wie die Erde hervorbringt, was sprießt, so wird Gott der Herr Gerechtigkeit sprießen lassen und Ruhm vor allen Nationen.** *Jesaja 61,11*

Die Frucht der Gerechtigkeit aber wird gesät in Frieden für die, die Frieden stiften. *Jakobus 3,18*

Nun danket Gott, erhebt und preiset die Gnaden, die er euch erweiset, und zeiget allen Völkern an die Wunder, die der Herr getan. O Volk des Herrn, sein Eigentum, besinge deines Gottes Ruhm. 290,1 Johannes Stapfer

25. Donnerstag **Ich, der Herr, bin dein Heiland, und ich, der Mächtige, dein Erlöser.** *Jesaja 60,16*

Wer will uns scheiden von der Liebe Christi? *Römer 8,35*

Du kannst nicht tiefer fallen als nur in Gottes Hand, die er zum Heil uns allen barmherzig ausgespannt. Wir sind von Gott umgeben auch hier in Raum und Zeit und werden sein und leben in Gott in Ewigkeit.
533,1.3 Arno Pötzsch

Kl: Matthäus 10,26–33 :: Bl: 1. Könige 9,1–9

26. Freitag **Wohl denen, die das Gebot halten und tun immerdar recht!** *Psalm 106,3*

Die Welt vergeht mit ihrer Lust; wer aber den Willen Gottes tut, der bleibt in Ewigkeit. *1. Johannes 2,17*

Wer Gottes Diener werden will, der nehm sich Christus zum Beispiel und tu in Demut, wie er tat und was er uns geheißen hat. BG 402,1 Michael Weiße

Kl: Johannes 1,19–28 :: Bl: 1. Könige 10,1–13

27. Samstag **Gott, gedenke an deine Gemeinde, die du vorzeiten erworben und dir zum Erbteil erlöst hast.** *Psalm 74,2*

Ihr kennt die Gnade unseres Herrn Jesus Christus: Obwohl er reich ist, wurde er doch arm um euretwillen, auf dass ihr durch seine Armut reich würdet. *2. Korinther 8,9*

Jesus Christus ist der Eine, der gegründet die Gemeine, die ihn ehrt als teures Haupt. Er hat sie mit Blut erkaufet, mit dem Geiste sie getaufet, und sie lebet, weil sie glaubt. 123,6 Philipp Friedrich Hiller

Kl: Lukas 3,10–18 :: Bl: 1. Könige 10,14–29

---

3. SONNTAG NACH TRINITATIS

Der Menschensohn ist gekommen, zu suchen und selig zu machen, was verloren ist. *Lukas 19,10*

Wochenlied: 353

Ev: Lukas 15,1–3.11b–32 :: Ep: 1. Timotheus 1,12–17

Pr/AT: Micha 7,18–20 :: Bl: Psalm 106,1–23

---

28. Sonntag **Ich habe den Herrn allezeit vor Augen.** *Psalm 16,8*

Wer die Hand an den Pflug legt und sieht zurück, der ist nicht geschickt für das Reich Gottes. *Lukas 9,62*

Heiland, wirst du mit mir gehen, wirst du mir zur Seite sein, wirst du treulich auf mich sehen und mir immer helfen ein, so werd ich der Deine bleiben, werde immer weiter gehn und dir deine Sache treiben, dass du deine Lust wirst sehn. BG 739,3 Martin Dober

29. Montag Daniel sprach: **Mein Gott hat seinen Engel gesandt, der den Löwen den Rachen zugehalten hat, sodass sie mir kein Leid antun konnten.**

Daniel 6,23

Wir leiden Verfolgung, aber wir werden nicht verlassen. Wir werden unterdrückt, aber wir kommen nicht um. *2. Korinther 4,9*

Von guten Mächten wunderbar geborgen, erwarten wir getrost, was kommen mag. Gott ist bei uns am Abend und am Morgen und ganz gewiss an jedem neuen Tag. 65,7 Dietrich Bonhoeffer

Kl: Lukas 7,36–50 :: Bl: 1. Könige 11,1–13

30. Dienstag **Mein Herz hält dir vor dein Wort: »Ihr sollt mein Antlitz suchen.« Darum suche ich auch, HERR, dein Antlitz.** *Psalm 27,8*

Sorgt euch um nichts, sondern in allen Dingen lasst eure Bitten in Gebet und Flehen mit Danksagung vor Gott kundwerden! *Philipper 4,6*

Friede sei nun mit euch allen, die ihr bittend vor Gott steht; denn mit Händen voller Segen Christus durch die Reihen geht, reichlich zu beschenken jeden, der um seinen Segen fleht. BG 663,1

Jakobus-Liturgie/Gerard Moultrie/Erich Griebling

Kl: Richter 10,6–16 :: Bl: 1. Könige 11,26–43

JULI

Monatsspruch: Der Engel des HERRN rührte Elia an und sprach: Steh auf und iss! Denn du hast einen weiten Weg vor dir. *1. Könige 19,7*

1. Mittwoch **Meinst du, dass sich jemand so heimlich verbergen könne, dass ich ihn nicht sehe?, spricht der HERR. Bin ich es nicht, der Himmel und Erde erfüllt?, spricht der HERR.** *Jeremia 23,24*

Wenn jemand Gott liebt, der ist von ihm erkannt. *1. Korinther 8,3*

Herr, lass die Sonne blicken ins finstre Herze mein, damit sich's möge schicken, fröhlich im Geist zu sein, die größte Lust zu haben allein an deinem Wort, das mich im Kreuz kann laben und weist des Himmels Pfort.
501,3 Martin Behm

Kl: Micha 7,7–9.18–20 :: Bl: 1. Könige 12,1–19

2. Donnerstag **HERR, unser Herrscher, wie herrlich ist dein Name in allen Landen.** *Psalm 8,2*

Maria sprach: **Er hat große Dinge an mir getan, der da mächtig ist und dessen Name heilig ist.** *Lukas 1,49*

Ermuntert euch und singt mit Schall Gott, unserm höchsten Gut, der seine Wunder überall und große Dinge tut. 322,2 Paul Gerhardt

Kl: Matthäus 18,15–20 :: Bl: 1. Könige 12,20–32

3. Freitag **Deine Hände haben mich gemacht und bereitet; unterweise mich, dass ich deine Gebote lerne.** *Psalm 119,73*

Und das ist sein Gebot, dass wir glauben an den Namen seines Sohnes Jesus Christus und lieben uns untereinander. *1. Johannes 3,23*

Wenn wir in Frieden beieinander wohnten, Gebeugte stärkten und die Schwachen schonten, dann würden wir den letzten heilgen Willen des Herrn erfüllen.
221,2 Johann Andreas Cramer

Kl: Galater 3,6–14 :: Bl: 1. Könige 12,33–13,10

4. Samstag Der HERR spricht: **Ich will mich zu euch wenden und will euch fruchtbar machen und euch mehren und will meinen Bund mit euch halten.** *3. Mose 26,9*

Auf alle Gottesverheißungen ist in Jesus Christus das Ja; darum sprechen wir auch durch ihn das Amen, Gott zur Ehre. *2. Korinther 1,20*

Wir sagen Amen. Und das bleibt ewig wahr, dass wir dem Namen geweiht sind ganz und gar, der uns mit Liebe überwunden; und dazu haben wir uns verbunden. BG 558,3 Erdmuth Dorothea von Zinzendorf

Kl: Jona 3,1–10 :: Bl: 1. Könige 13,11–34

4. SONNTAG NACH TRINITATIS

Einer trage des andern Last, so werdet ihr das Gesetz Christi erfüllen. *Galater 6,2*

Wochenlied: 428 oder 495

Ev: Lukas 6,36–42 :: Pr/Ep: Römer 12,17–21

AT: 1. Mose 50,15–12 :: Bl: Psalm 106,24–48

5. Sonntag **Freut euch und seid fröhlich im Herrn, eurem Gott.** *Joel 2,23*

Durch Christus Jesus, unsern Herrn, haben wir Freimut und Zugang in aller Zuversicht durch den Glauben an ihn. *Epheser 3,12*

Tut mir auf die schöne Pforte, führt in Gottes Haus mich ein; ach wie wird an diesem Orte meine Seele fröhlich sein! Hier ist Gottes Angesicht, hier ist lauter Trost und Licht. 166,1 Benjamin Schmolck

6. Montag **So fern der Morgen ist vom Abend, lässt er unsre Übertretungen von uns sein.** *Psalm 103,12*

Wo die Sünde mächtig geworden ist, da ist die Gnade noch viel mächtiger geworden. *Römer 5,20*

O Jesus, dein Werk ist es, dass ich ohne Furcht Gott dienen darf mein Leben lang: ohne Furcht vor meiner Schuld, denn du versöhnst; ohne Furcht vor meinen schwankenden Gedanken, denn du schaffst Glauben; ohne Furcht vor meiner lieblosen Eigensucht, denn du erweckst die Liebe. Adolf Schlatter

Kl: Galater 6,1–5 :: Bl: 1. Könige 14,1–20

6. Juli 1415: Jan Hus stirbt den Märtyrertod auf dem Konzil zu Konstanz

7. Dienstag **Ich sprach, da ich weglief vor Angst: Ich bin verstoßen aus deinen Augen. Doch du hast mein lautes Flehen gehört, als ich zu dir schrie.** *Psalm 31,23*

Am Wege saß ein blinder Bettler, Bartimäus, der Sohn des Timäus. Und als er hörte, dass es Jesus von Nazareth war, fing er an zu schreien und zu sagen: Jesus, du Sohn Davids, erbarme dich meiner! Und viele fuhren ihn an, er sollte schweigen. Und Jesus blieb stehen und sprach: Ruft ihn her! *Markus 10,46–48.49*

Wenn ich vor Angst vergehe, dann bleib in meiner Nähe, ja, Heiland bleib bei mir. Lieg ich im letzten Leiden, sollst du nicht von mir scheiden: Geborgen bin ich nur bei dir. BG 974,1 Kurt Oskar Buchner

Kl: 2. Korinther 2,5–11 :: Bl: 1. Könige 16,29–17,6

8. Mittwoch **Ich will auch hinfort mit diesem Volk wunderlich umgehen, aufs Wunderlichste und Seltsamste, dass die Weisheit seiner Weisen vergehe.** *Jesaja 29,14*

Viele, die Jesus zuhörten, verwunderten sich und sprachen: Woher hat er dies? Und was ist das für eine Weisheit, die ihm gegeben ist? Und solche Taten geschehen durch seine Hände? *Markus 6,2*

Herr, wie oft täuschen wir uns selbst mit unseren Ideen und Plänen. Manche Hoffnung zerrinnt, aber auch manche Befürchtung erweist sich als unbegründet. Wir erfahren dich als Gott, der anders ist, als wir denken. Du überraschst uns immer wieder, vielleicht auch heute. Wir vertrauen uns dir an. *

Kl: Markus 11,(20.21)22–26 :: Bl: 1. Könige 17,7–16

9. Donnerstag **Der Herr ist deine Zuversicht.**
Psalm 91,9

Weil wir nun solche Hoffnung haben, sind wir voller Freimut. *2. Korinther 3,12*

Wenn Angst und Zweifel in mir wachsen, dann schenke du mir neuen Mut. Ich will dir folgen, will bei dir bleiben und will dir treu sein; gib du mir Kraft.
210,4 Otmar Schulz

Kl: 1. Korinther 12,19–26 :: Bl: 1. Könige 17,17–24

10. Freitag **Eine Generation rühmt der andern deine Werke, und deine mächtigen Taten verkünden sie.** *Psalm 145,4*

Die Gnade mehre sich durch die wachsende Zahl der Glaubenden, und so ströme der Dank reichlich zur Verherrlichung Gottes. *2. Korinther 4,15*

Rühmet, ihr Menschen, den hohen Namen des, der so große Wunder tut. Alles, was Odem hat, rufe Amen und bringe Lob mit frohem Mut. Ihr Kinder Gottes, lobt und preist Vater und Sohn und Heilgen Geist! Halleluja, Halleluja. 303,8 Johann Daniel Herrnschmidt

Kl: Philipper 2,1–5 :: Bl: 1. Könige 18,1–24

11. Samstag **Der Herr wird seinem Volk Kraft geben.**
Psalm 29,11

Sie sahen aber den Freimut des Petrus und Johannes und wunderten sich; denn sie merkten, dass sie ungelehrte und einfache Leute waren, und wussten auch von ihnen, dass sie mit Jesus gewesen waren. *Apg. 4,13*

Was sind wir, o Herr, vor dir, dass wir dir könnten brauchbar sein? Unsre Kraft ist mangelhaft; das Gute kommt von dir allein. Doch es gilt dein Ruf, dein Wort; segne du an jedem Ort, wo dein Volk mit kleiner Kraft durch dich alles Gute schafft.

BG 513,3 Karl Bernhard Garve

Kl: Jona 4,1–11 :: Bl: 1. Könige 18,25–46

5. SONNTAG NACH TRINITATIS

Aus Gnade seid ihr gerettet durch Glauben, und das nicht aus euch: Gottes Gabe ist es. *Epheser 2,8*

Wochenlied: 241 oder 313

Pr/Ev: Lukas 5,1–11 :: Ep: 1. Korinther 1,18–25

AT: 1. Mose 21,1–4a :: Bl: Psalm 73

12. Sonntag **Du, Herr, bist gerecht, wir aber müssen uns alle heute schämen.** *Daniel 9,7*

Aus Gnade seid ihr gerettet durch Glauben, und das nicht aus euch: Gottes Gabe ist es. *Epheser 2,8*

Herr, bewahre mich davor, mürrisch und unfreundlich zu sein. Lass mich gelassen und freundlich bleiben, auch wenn mir heute etwas nicht so gelingt, wie ich es mir vorgenommen habe, oder wenn ich von anderen gekränkt werde. Lass mich deine Gegenwart spüren und lass mich festhalten am Vorbild deiner Liebe.

Nach Johann Caspar Lavater

13. Montag **Pflüget ein Neues, solange es Zeit ist, den Herrn zu suchen, bis er kommt und Gerechtigkeit über euch regnen lässt!** *Hosea 10,12*

Zieht den neuen Menschen an, der nach Gott geschaffen ist in wahrer Gerechtigkeit und Heiligkeit.
Epheser 4,24

Herr, du kennst mein Herz, das bange Herz, das sich nicht traut; das stolze Herz, das nicht will; das träge Herz, das nicht in Bewegung kommt; das harte Herz, das voller Eigenliebe ist. Ich bitte dich, lass mich nicht so, wie ich bin, schenke mir eine neue Gesinnung, lehre mich nach deinem Willen zu fragen, dir gehorsam zu sein. Werde du die Mitte meines Lebens und mache aus mir ein Werkzeug, das du gebrauchen kannst.
Maria Hüsing

Kl: Galater 1,13–24 :: Bl: 1. Könige 19,1–18

14. Dienstag **Man wird wieder hören den Jubel der Freude und Wonne, die Stimme des Bräutigams und der Braut und die Stimme derer, die da sagen: »Danket dem Herrn Zebaoth; denn er ist freundlich, und seine Güte währet ewiglich.«** *Jeremia 33,11*

Jesus sprach zu ihnen: Wie können die Hochzeitsgäste fasten, während der Bräutigam bei ihnen ist?
Markus 2,19

Amen ja, Halleluja! Seid stets auf ihn bereit und wacht! Harrt des Herrn, der nicht mehr fern; der sich zur Hochzeit aufgemacht, zu dem großen Abendmahl, da ihn im Vollendungssaal seine Braut von nahem schaut. »Komm, Herr Jesu!« ruft die Braut.
BG 1020,3 Johannes von Watteville

Kl: Römer 9,14–23(24–26) :: Bl: 1. Könige 19,19–21

15. Mittwoch **In eines Mannes Herzen sind viele Pläne; aber zustande kommt der Ratschluss des HERRN.** *Sprüche 19,21*

So seid nun besonnen und nüchtern zum Gebet. Vor allen Dingen habt untereinander beständige Liebe. *1. Petrus 4,7–8*

Nur mit Gott und seinem Segen gehst du auf gewissen Wegen. Darum such in allen Dingen dein Gebet vor Gott zu bringen. Kommt von ihm nicht jede Regung, jeder Hauch, jede Bewegung, können alle unsre Taten nicht durch ihn nur recht geraten?
BG 638,1.2 Johann Amos Comenius/Theodor Gill

Kl: Hesekiel 2,3–8a :: Bl: 1. Könige 21,1–16

16. Donnerstag **Wohlan, alle, die ihr durstig seid, kommt her zum Wasser!** *Jesaja 55,1*

Jesus spricht: **Wer von dem Wasser trinkt, das ich ihm gebe, den wird in Ewigkeit nicht dürsten.** *Joh. 4,14*

Du bist der Hirt, der Schwache trägt; trag mich in deinen Armen. Du bist der Arzt, der Kranke pflegt; komm zu mir mit Erbarmen. Ich bin in Wahrheit schwach und krank; komm, reich mir deinen Lebenstrank, erquicke mich mit Segen. BG 939 Joachim Neander

Kl: Apostelgeschichte 15,4–12 :: Bl: 1. Könige 21,17–29

17. Freitag **Der HERR, euer Gott, ist der Gott der Götter und der Herr der Herren, der große, starke und furchtbare Gott, der kein Ansehen der Person kennt und keine Bestechung annimmt.** *5. Mose 10,17*

Selig sind, die reinen Herzens sind; denn sie werden Gott schauen. *Matthäus 5,8*

Herr, gib mir teil an deiner Wahrheit und Gerechtigkeit, dass ich nicht die Person ansehe, weder ihre Stellung, noch ihren Einfluss, noch ihren Besitz; sondern dass ich mit einem jeden handle nach Wahrheit, Billigkeit und Gerechtigkeit, damit ich ein Kind der Wahrheit bleibe und dem König der Wahrheit diene. Nach Johann Arndt

Kl: 2. Korinther 12,1–10 :: Bl: 1. Könige 22,1–23

18. Samstag **Auch künftig bin ich derselbe, und niemand ist da, der aus meiner Hand erretten kann. Ich wirke; wer will's wenden?** *Jesaja 43,13*

Wir müssen alle offenbar werden vor dem Richterstuhl Christi. *2. Korinther 5,10*

Licht vom Licht, zu uns gekommen aus der Welt der Ewigkeit, lass die Macht des Bösen schwinden, weichen alle Dunkelheit. Zünde an in uns dein Feuer, mach uns selbst zum Dienst bereit. Jakobus-Liturgie / BG 663,2 Gerard Moultrie/Erich Griebling

Kl: Philipper 3,12–16 :: Bl: 1. Könige 22,24–40

---

6. SONNTAG NACH TRINITATIS

So spricht der Herr, der dich geschaffen hat, Jakob, und dich gemacht hat, Israel: Fürchte dich nicht, denn ich habe dich erlöst; ich habe dich bei deinem Namen gerufen; du bist mein! *Jesaja 43,1*

Wochenlied: 200

Ev: Matthäus 28,16–20 :: Ep: Römer 6,3–8(9–11)

AT: Jesaja 43,1–7 :: Pr: 5. Mose 7,6–12 :: Bl: Psalm 89,20–53

19. Sonntag **Was ist der Mensch, dass du seiner gedenkst, und des Menschen Kind, dass du dich seiner annimmst?** *Psalm 8,5*

Wir sind sein Werk, geschaffen in Christus Jesus zu guten Werken, die Gott zuvor bereitet hat, dass wir darin wandeln sollen. *Epheser 2,10*

Gott, wer bist du, dass du uns noch nicht vergessen hast, dass du es immer noch mit uns versuchst und nicht aufgibst, sondern an uns denkst und uns annimmst im Wissen, dass wir lange noch nicht geworden sind, was du an Sinn und Anlagen in uns gelegt hast? Wer bist du, dass du uns erträgst und uns immer wieder Gutes erweist? Staunend stehen wir da. Clemens Frey

20. Montag **Hört mir zu, ihr trotzigen Herzen, die ihr ferne seid von der Gerechtigkeit! Ich habe meine Gerechtigkeit nahe gebracht; sie ist nicht ferne.** *Jesaja 46,12–13*

Es ist erschienen die heilsame Gnade Gottes allen Menschen und erzieht uns, dass wir absagen dem gottlosen Wesen. *Titus 2,11–12*

Dir öffn ich, Jesu, meine Tür, ach komm und wohne du bei mir; treib all Unreinigkeit hinaus aus deinem Tempel, deinem Haus. 389,2 Heinrich Georg Neuss

Kl: 2. Mose 14,15–22 :: Bl: Micha 1,1–16

21. Dienstag **Ich danke dem Herrn von ganzem Herzen und erzähle alle deine Wunder.** *Psalm 9,2*

Seid dankbar in allen Dingen; denn das ist der Wille Gottes in Christus Jesus für euch. *1. Thess. 5,18*

Über Berg und Tal wie ein Festchoral der Sommer zieht übers Land, und die Knospe sprießt und das Leben fließt wie der Strom hin zum Meeresstrand. Leb Gottes Zeit, denn er hält bereit den Augenblick in der Hand. BG 850,1 Tore Littmarck/Helge Heisler

Kl: Apostelgeschichte 2,32–40 :: Bl: Micha 2,1–13

22. Mittwoch **Gott tut große Dinge, die nicht zu erforschen, und Wunder, die nicht zu zählen sind.**
Hiob 9,10

Mit dem Reich Gottes ist es so, wie wenn ein Mensch Samen aufs Land wirft und schläft und steht auf, Nacht und Tag; und der Same geht auf und wächst – er weiß nicht wie. Von selbst bringt die Erde Frucht. *Markus 4,26–28*

Hilf uns, staunend wahrzunehmen wie du, Herr, mit weiser Hand, allen Kleinmut zu beschämen, bist uns Menschen zugewandt. Du hast Zeugen uns gegeben, du hast weiten Raum geschafft, wo dein Wort auf dieser Erden sich beweist in Geist und Kraft.
BG 398,1 Nach Martin Dober

Kl: Apostelgeschichte 16,23–34 :: Bl: Micha 3,1–12

23. Donnerstag **Ihr seid meine Zeugen, spricht der Herr.** *Jesaja 43,10*

Gehet hin in alle Welt und predigt das Evangelium aller Kreatur. *Markus 16,15*

Wir wollen dir dienen auf mancherlei Weise, in Stille, im Trubel, im Dunkel, im Licht, mit Wort und Gesängen, mit Farben und Formen, in Domen, Baracken, wo immer wir sind. BG 554,1 Christa Dixon

Kl: Matthäus 18,1–6 :: Bl: Micha 4,1–8

24. Freitag **Ach dass du den Himmel zerrissest und führest herab!** *Jesaja 63,19*

Erlöse uns von dem Bösen. *Matthäus 6,13*

O Liebe, die den Himmel hat zerrissen, da du zu mir herab ins Elend kamst. Welch eine Macht hat dich bewegen müssen, dass du der Menschen Leiden auf dich nahmst! Die Liebe hat's allein getan, die sah als Mutter mich in meinem Jammer an.
BG 439,1 Christian Friedrich Richter

Kl: 1. Korinther 12,12–18 :: Bl: Micha 4,9–5,4a

25. Samstag **Gerechtigkeit führt zum Leben; aber dem Bösen nachjagen führt zum Tode.** *Sprüche 11,19*

Selig sind, die da hungert und dürstet nach der Gerechtigkeit; denn sie sollen satt werden. *Matthäus 5,6*

Von Herzensgrund ich spreche: Dir sei Dank allezeit, weil du mich lehrst die Rechte deiner Gerechtigkeit. Die Gnad auch ferner mir gewähr; ich will dein Rechte halten, verlass mich nimmermehr.
295,2 Cornelius Becker

Kl: Offenbarung 3,1–6 :: Bl: Micha 5,4b–14

7. SONNTAG NACH TRINITATIS

So seid ihr nun nicht mehr Gäste und Fremdlinge, sondern Mitbürger der Heiligen und Gottes Hausgenossen. *Epheser 2,19*

Wochenlied: 320 oder 418
Ev: Johannes 6,1–15 :: Ep: Apostelgeschichte 2,41–47
AT: 2. Mose 16,2–3.11–18 :: Pr: Hebräer 13,1–3
Bl: Psalm 51

26. Sonntag **Wer sich des Armen erbarmt, der ehrt Gott.** *Sprüche 14,31*

Jesus spricht: **Was ihr getan habt einem von diesen meinen geringsten Brüdern, das habt ihr mir getan.** *Matthäus 25,40*

Mitleidender Gott, es gibt so viel Not in unserer Welt und in uns selbst. Manchmal meinen wir, diese Last nicht mehr tragen zu können. Halte uns in deiner Liebe, und auch alle, die in Dunkelheit wandern, die verzweifelt sind oder die meinen, am Abgrund zu stehen, und ihr Leben beenden wollen. Zeige uns, wie wir sie aufrichten und stärken und besser verstehen können.

Aus Surinam

27. Montag **Der Herr gibt Weisheit, und aus seinem Munde kommt Erkenntnis und Einsicht.** *Sprüche 2,6*

Wenn es jemandem unter euch an Weisheit mangelt, so bitte er Gott, der jedermann gern und ohne Vorwurf gibt; so wird sie ihm gegeben werden. *Jakobus 1,5*

Allmächtiger Gott, gib, dass dein Wort bei uns nicht ein steinernes Herz und eine eiserne Stirn vorfindet, sondern den gelehrigen Sinn, der sich dir erwartungsvoll öffnet. Lass uns erfahren, dass du unser Vater bist, und stärke uns in dem Vertrauen, dass du uns als deine Kinder angenommen hast. Johannes Calvin

Kl: Johannes 6,47–56 :: Bl: Micha 6,1–16

28. Dienstag **Bis hierher hat uns der HERR geholfen.**
1. Samuel 7,12

Wir sind von allen Seiten bedrängt, aber wir ängstigen uns nicht. Uns ist bange, aber wir verzagen nicht. *2. Korinther 4,8*

Zu dir rufe ich, o mein Gott, und ich erhalte Antwort von dir. Ich bitte, und deine Güte schenkt mir, was ich begehre. Erfüllt von Ehrfurcht und Freude schlag ich die Zither vor dir, meinem Gott. Alle meine Hoffnung setze ich auf dich und ruhe selig in deinem Schoß.
Hildegard von Bingen

Kl: Matthäus 22,1–14 :: Bl: Micha 7,1–7

29. Mittwoch **Ich bin nackt von meiner Mutter Leibe gekommen, nackt werde ich wieder dahinfahren.**
Hiob 1,21

Wir haben nichts in die Welt gebracht; darum können wir auch nichts hinausbringen. Wenn wir aber Nahrung und Kleider haben, so wollen wir uns damit begnügen. *1. Timotheus 6,7–8*

Was macht, dass ich so fröhlich bin in meinem kleinen Reich. Ich sing und tanze her und hin vom Kindbett bis zur Leich. Was macht, dass ich so furchtlos bin an vielen dunklen Tagen. Es kommt ein Geist in meinen Sinn, will mich durchs Leben tragen. Hanns Dieter Hüsch

Kl: Apostelgeschichte 10,(21–23)24–36 :: Bl: Micha 7,8–20

30. Donnerstag **Seid stille vor Gott dem HERRN, denn des HERRN Tag ist nahe.** *Zefanja 1,7*

Wer Ohren hat zu hören, der höre! *Markus 4,9*

Möchtest du sein Flüstern hören? Verschließe dein Ohr für andere Töne. Möchtest du, dass er zu dir rede? So schweige. Soll er sich für dich regen? Sei still.

Eva von Tiele-Winckler

Kl: 1. Korinther 10,16.17 :: Bl: Markus 4,1–9

31. Freitag **Du sollst kein falsches Gerücht verbreiten.** *2. Mose 23,1*

Paulus schreibt: **Bemühe dich darum, dich vor Gott zu erweisen als ein angesehener und untadeliger Arbeiter, der das Wort der Wahrheit recht vertritt.**

2. Timotheus 2,15

Deine Achtung vor deinem Nächsten sei unabhängig davon, ob er nun gerade fern wäre oder bei dir. Wenn du hinter seinem Rücken nichts von ihm sagen würdest, was du nicht auch in Liebe vor seinem Angesicht sagen könntest, selig bist du!

Nach Franziskus von Assisi

Kl: Lukas 22,14–20 :: Bl: Markus 4,10–20

AUGUST

Monatsspruch: Ich danke dir dafür, dass ich wunderbar gemacht bin; wunderbar sind deine Werke; das erkennt meine Seele. *Psalm 139,14*

1. Samstag **Ich komme, um alle Völker und Zungen zu versammeln, dass sie kommen und meine Herrlichkeit sehen.** *Jesaja 66,18*

Es ist hier kein Unterschied zwischen Juden und Griechen; es ist über alle derselbe Herr, reich für alle, die ihn anrufen. *Römer 10,12*

Du wirst dein herrlich Werk vollenden, der du der Welten Heil und Richter bist; du wirst der Menschheit Jammer wenden, so dunkel jetzt dein Weg, o Heilger, ist. Drum hört der Glaub nie auf, zu dir zu flehn; du tust doch über Bitten und Verstehn.

241,8 Albert Knapp

Kl: Offenbarung 19,4–9 :: Bl: Markus 4,21–25

---

8. SONNTAG NACH TRINITATIS

Wandelt als Kinder des Lichts; die Frucht des Lichts ist lauter Güte und Gerechtigkeit und Wahrheit. *Epheser 5,8b.9*

Wochenlied: 262 oder 263

Ev: Matthäus 5,13–16 :: Ep: Epheser 5,8b–14

AT: Jesaja 2,1–5 :: Pr: Johannes 9,1–7 :: Bl: Psalm 139

2. Sonntag **Gedenke der vorigen Zeiten und hab acht auf die Jahre von Geschlecht zu Geschlecht. Frage deinen Vater, der wird dir's verkünden, deine Ältesten, die werden dir's sagen.** *5. Mose 32,7*

Paulus schreibt: **Halte dich an das Vorbild der heilsamen Worte, die du von mir gehört hast, im Glauben und in der Liebe in Christus Jesus.**

2. Timotheus 1,13

Aus der Erinnerung und Wiederholung lebt Glaube und Gehorsam. Erinnerung wird zur Kraft der Gegenwart, weil es der lebendige Gott ist, der einst für mich gehandelt hat und mich heute dessen vergewissert.

Dietrich Bonhoeffer

3. Montag **Den Demütigen wird der HERR Gnade geben.** *Sprüche 3,34*

Tut nichts aus Eigennutz oder um eitler Ehre willen, sondern in Demut achte einer den andern höher als sich selbst. *Philipper 2,3*

Ein Herz, das Demut liebet, bei Gott am höchsten steht; ein Herz, das Hochmut übet, mit Angst zugrunde geht; ein Herz, das richtig ist und folget Gottes Leiten, das kann sich recht bereiten, zu dem kommt Jesus Christ. 10,3 Valentin Thilo

Kl: Matthäus 7,7–12 :: Bl: Markus 4,26–29

4. Dienstag **Ich will den HERRN loben in den Versammlungen.** *Psalm 26,12*

Wie ist es nun, Brüder und Schwestern? Wenn ihr zusammenkommt, so hat ein jeder einen Psalm, er hat eine Lehre, er hat eine Offenbarung, er hat eine Zungenrede, er hat eine Auslegung. Lasst es alles geschehen zur Erbauung! *1. Korinther 14,26*

Das muss die Last des Lebens uns versüßen, das macht das graue Alter wieder jung, wenn man von deinem Lob darf überfließen und dich umfassen in der Heiligung. In deinem Namen sind wir zusammen, so sprich auch Amen zum Lobgesang.
BG 516,5 Nikolaus Ludwig von Zinzendorf

Kl: Lukas 6,27–35 :: Bl: Markus 4,30–34

5. Mittwoch **Der Herr, der gütig ist, wolle gnädig sein allen, die ihr Herz darauf richten, Gott zu suchen.** *2. Chronik 30,18–19*

Da war ein Mann mit Namen Zachäus, der war ein Oberer der Zöllner und war reich. Und er begehrte, Jesus zu sehen. *Lukas 19,2–3*

Herr Jesus, du bist am Kreuz für uns gestorben, um unserer Seele Ruhe zu schaffen. Wir bitten dich: Kehre ein bei allen, die dir ihr Herz öffnen. Lass dich finden von denen, die dich suchen. Tröste uns mit deiner Hilfe. Dir wollen wir leben und sterben. Hermann Bezzel

Kl: Matthäus 5,33–37 :: Bl: Markus 4,35–41

6. Donnerstag **Er handelt nicht mit uns nach unsern Sünden und vergilt uns nicht nach unsrer Missetat.** *Psalm 103,10*

Wir glauben, durch die Gnade des Herrn Jesus selig zu werden. *Apostelgeschichte 15,11*

Gott, der du reich bist an Erbarmen, reiß dein Erbarmen nicht von mir und führe durch den Tod mich Armen durch meines Heilands Tod zu dir; da bin ich ewig recht erfreut und rühme die Barmherzigkeit.
355,5 Philipp Friedrich Hiller

Kl: 1. Korinther 12,27–13,3 :: Bl: Markus 5,1–20

7. Freitag **Der HERR wird Zion wieder trösten.**
Sacharja 1,17

Aus großer Todesnot hat er uns errettet und wird er uns erretten; auf ihn haben wir unsere Hoffnung gesetzt. *2. Korinther 1,10*

Du nimmst die schwachen Hände, zeigst uns Weg und Bahn, da, wo wir am Ende, fängt Dein Werk erst an.
Albert Bartsch

Kl: 1. Petrus 3,8–17 :: Bl: Markus 5,21–34

8. Samstag **Meine Augen sehen stets auf den HERRN; denn er wird meinen Fuß aus dem Netze ziehen.**
Psalm 25,15

Paulus schreibt: **Betet für uns, dass das Wort des Herrn laufe und gepriesen werde wie bei euch und dass wir gerettet werden vor falschen und bösen Menschen; denn der Glaube ist nicht jedermanns Ding. Aber der Herr ist treu; der wird euch stärken und bewahren vor dem Bösen.** *2. Thessalonicher 3,1–3*

Dein Lieb und Treu vor allem geht, kein Ding auf Erd so fest besteht; das muss ich frei bekennen. Drum soll nicht Tod, nicht Angst, nicht Not von deiner Lieb mich trennen. 473,2 Johannes Eccard

Kl: Philipper 2,12–18 :: Bl: Markus 5,35–43

---

9. SONNTAG NACH TRINITATIS

Wem viel gegeben ist, bei dem wird man viel suchen; und wem viel anvertraut ist, von dem wird man umso mehr fordern. *Lukas 12,48b*

Wochenlied: 397

Ev: Matthäus 13,44–46 :: Ep: Philipper 3,(4b–6)7–14

Pr/AT: Jeremia 1,4–10 :: Bl: Psalm 141

---

9. Sonntag **Der HERR sättigte sein Volk mit Himmelsbrot. Er öffnete den Felsen, da strömten Wasser heraus, sie flossen dahin als Strom in der Wüste. Denn er gedachte an sein heiliges Wort.** *Psalm 105,40–42*

Gelobt sei Gott, der Vater unseres Herrn Jesus Christus, der uns gesegnet hat mit allem geistlichen Segen im Himmel durch Christus. *Epheser 1,3*

Güldner Himmelsregen, schütte deinen Segen auf der Kirche Feld; lasse Ströme fließen, die das Land begießen, wo dein Wort hinfällt, und verleih, dass es gedeih, hundertfältig Früchte bringe, alles ihm gelinge.
135,4 Benjamin Schmolck

10. Montag **Gideon sprach: Ich will nicht Herrscher über euch sein, sondern der HERR soll Herrscher über euch sein.** *Richter 8,23*

Nicht der ist bewährt, der sich selbst empfiehlt, sondern der, den der Herr empfiehlt. *2. Korinther 10,18*

Herr, bewahre mich vor der Versuchung, Menschen und Mächten hörig zu sein. Lass mich allein auf dich hören. Lass auf meinem Weg deutlich werden, dass ich nicht meine eigene Sache betreibe, sondern dass ich dein Bote bin. Lindolfo Weingärtner

Kl: 1. Könige 3,16–28 :: Bl: Markus 6,1–6

11. Dienstag **Die Gerechten freuen sich und sind fröhlich vor Gott und freuen sich von Herzen.**
Psalm 68,4

Freuet euch in dem Herrn allewege, und abermals sage ich: Freuet euch! *Philipper 4,4*

Ich will dich all mein Leben lang, o Gott, von nun an ehren, man soll, Gott, deinen Lobgesang an allen Orten hören. Mein ganzes Herz ermuntre sich, mein Geist und Leib erfreue dich! Gebt unserm Gott die Ehre!
326,7 Johann Jakob Schütz

Kl: Epheser 5,15–20 :: Bl: Markus 6,7–13

12. Mittwoch **Lass deine Augen offen sein für das Flehen deines Knechts und deines Volkes Israel, dass du sie hörst, sooft sie dich anrufen.**
1. Könige 8,52

Jesus spricht: **Was ihr mich bitten werdet in meinem Namen, das will ich tun.** *Johannes 14,14*

Und wenn wir bei allen Gaben oft auch viel zu seufzen haben – gut, wenn sich's zum Beten wendet, dass er Stärk und Hilfe sendet.

BG 638,3 Johann Amos Comenius/Theodor Gill

Kl: 1. Korinther 10,23–31 :: Bl: Markus 6,14–29

13. Donnerstag **Durch seine Wunden sind wir geheilt.** *Jesaja 53,5*

Jesus sollte sterben für das Volk und nicht für das Volk allein, sondern auch, um die verstreuten Kinder Gottes zusammenzubringen. *Johannes 11,51–52*

Dein Kampf ist unser Sieg, dein Tod ist unser Leben; in deinen Banden ist die Freiheit uns gegeben. Dein Kreuz ist unser Trost, die Wunden unser Heil, dein Blut das Lösegeld, der armen Sünder Teil.

87,3 Adam Thebesius

Kl: 1. Korinther 9,16–23 :: Bl: Markus 6,30–44

13. August 1727: Abendmahlsfeier in der Kirche zu Berthelsdorf; Zusammenschluss der Einwohner Herrnhuts zur Brüdergemeine durch den Geist Gottes

14. Freitag **Wenn ich nur dich habe, so frage ich nichts nach Himmel und Erde.** *Psalm 73,25*

Da sprach Jesus zu den Zwölfen: Wollt ihr auch weggehen? Da antwortete ihm Simon Petrus: Herr, wohin sollen wir gehen? Du hast Worte des ewigen Lebens; und wir haben geglaubt und erkannt: Du bist der Heilige Gottes. *Johannes 6,67–69*

Herr, wohin sollen wir wohl gehn! Du hast des ewgen Lebens Wort! Lass uns in Treue zu dir stehn in unsrer Zeit, an unserm Ort. Albert Bartsch

Kl: Jeremia 1,11–19 :: Bl: Markus 6,45–56

15. Samstag **Bedrückt nicht die Witwen, Waisen, Fremdlinge und Armen!** *Sacharja 7,10*

Was gering ist vor der Welt und was verachtet ist, das hat Gott erwählt. *1. Korinther 1,28*

Schenke uns, Gott, du großer Gastgeber all derer, die verachtet sind, dass wir für Erleichterung sorgen statt zu bedrücken, Zugänge ermöglichen statt Barrieren aufzubauen, Güte ausstrahlen statt Angst zu verbreiten. *

Kl: Lukas 12,42–48 :: Bl: Markus 7,1–15

---

10. SONNTAG NACH TRINITATIS (Israelsonntag)

Wohl dem Volk, dessen Gott der HERR ist, dem Volk, das er zum Erbe erwählt hat. *Psalm 33,12*

Wochenlied: 290 oder 429

Ev: Markus 12,28–34 :: Pr/Ep: Römer 11,25–32

AT: 2. Mose 19,1–6 :: Bl: Psalm 142

---

16. Sonntag **Der HERR dachte an uns, als wir unterdrückt waren, denn seine Güte währet ewiglich.** *Psalm 136,23*

Denkt an die Gefangenen, als wärt ihr Mitgefangene, und an die Misshandelten, weil auch ihr noch im Leibe lebt. *Hebräer 13,3*

Hör, es klagen Schwestern, Brüder, die verfolgt sind und gefangen. Gib du ihnen Freiheit wieder, nimm du ihnen Furcht und Bangen. Sättige, die Hunger leiden, stärke, die um Frieden ringen. Unrecht tun hilf zu vermeiden, Rat und Hilfe lass gelingen.

BG 99,2.3 Otmar Schulz

17. Montag **Wir wollen mit euch gehen, denn wir haben gehört, dass Gott mit euch ist.** *Sacharja 8,23*

Sie waren täglich einmütig beieinander im Tempel und brachen das Brot hier und dort in den Häusern, hielten die Mahlzeiten mit Freude und lauterem Herzen und lobten Gott und fanden Wohlwollen beim ganzen Volk. *Apostelgeschichte 2,46–47*

Unser Leben sei ein Fest, Jesu Geist in unserer Mitte, Jesu Werk in unseren Händen. Jesu Geist in unseren Werken. Unser Leben sei ein Fest, so wie heute an jedem Tag. Josef Metternich Team

Kl: Römer 11,1 12 :: Bl: Markus 7,17–23

18. Dienstag **Der Herr ist freundlich, und seine Gnade währet ewig und seine Wahrheit für und für.** *Psalm 100,5*

Als aber erschien die Freundlichkeit und Menschenliebe Gottes, unseres Heilands, machte er uns selig – nicht um der Werke willen, die wir in Gerechtigkeit getan hätten, sondern nach seiner Barmherzigkeit. *Titus 3,4.5*

Er ist das Leben, seine Kraft soll Leib und Seele führen. Sein Geist, der alles in mir schafft, soll mich allein regieren; so werd ich, weil ich nun durch ihn mit meinem Gott verbunden bin, das Leben nie verlieren.
BG 116,4 Johann Christian Lange

Kl: Klagelieder 1,1–11 :: Bl: Markus 7,24–30

19. Mittwoch Mose sprach zu dem HERRN: **Sieh doch, dass dies Volk dein Volk ist.** *2. Mose 33,13*

Paulus schreibt: **Gott hat euch berufen durch unser Evangelium, damit ihr die Herrlichkeit unseres Herrn Jesus Christus erlangt.** *2. Thessalonicher 2,14*

Sieh dein Volk in Gnaden an. Hilf uns, segne, Herr, dein Erbe; leit es auf der rechten Bahn, dass der Feind es nicht verderbe. Führe es durch diese Zeit, nimm es auf in Ewigkeit. 331,9 Ignaz Franz

Kl: Johannes 4,19–26 :: Bl: Markus 7,31–37

20. Donnerstag **Hass erregt Hader; aber Liebe deckt alle Übertretungen zu.** *Sprüche 10,12*

Daran wird jedermann erkennen, dass ihr meine Jünger seid, wenn ihr Liebe untereinander habt. *Johannes 13,35*

Das ist der Liebe freundlich Amt, dass sie zurecht bringt, nicht verdammt. Ach wer steht unbescholten, und was sind wir, Herr Gott, vor dir, dass wir verdammen sollten? Viktor von Strauß und Torney

Kl: Römer 11,25–32 :: Bl: Markus 8,1–9

21. Freitag **Du hast dich müde gemacht mit der Menge deiner Pläne.** *Jesaja 47,13*

Die Jünger traten zu Jesus und sprachen: Wer ist nun der Größte im Himmelreich? Und er rief ein Kind zu sich und stellte es mitten unter sie und sprach: Wahrlich, ich sage euch: Wenn ihr nicht umkehrt und werdet wie die Kinder, so werdet ihr nicht ins Himmelreich kommen. *Matthäus 18,1–3*

In den Streit der Welt hast du uns gestellt, deinen Frieden zu verkünden, der nur dort beginnt, wo man, wie ein Kind, deinem Wort Vertrauen schenkt.

Peter Strauch

Kl: Klagelieder 5,1–22 :: Bl: Markus 8,10–13

21. August 1732: Aussendung der ersten Missionare aus Herrnhut

22. Samstag **Der König antwortete Daniel und sprach: Wahrhaftig, euer Gott ist ein Gott über alle Götter und ein Herr über alle Könige.** *Daniel 2,47*

In dem Namen Jesu sollen sich beugen aller derer Knie, die im Himmel und auf Erden und unter der Erde sind. *Philipper 2,10*

Gott, lass dein Heil uns schauen, auf nichts Vergänglichs trauen, nicht Eitelkeit uns freun; lass uns einfältig werden und vor dir hier auf Erden wie Kinder fromm und fröhlich sein. 482,5 Matthias Claudius

Kl: 5. Mose 4,27–35(36–40) :: Bl: Markus 8,14–21

11. SONNTAG NACH TRINITATIS

Gott widersteht den Hochmütigen, aber den Demütigen gibt er Gnade. *1. Petrus 5,5b*

Wochenlied: 299

Pr/Ev: Lukas 18,9–14 :: Ep: Epheser 2,4–10

AT: 2. Samuel 12,1–10.13–15a :: Bl: Psalm 140

23. Sonntag **Hoffet auf ihn allezeit, liebe Leute, schüttet euer Herz vor ihm aus; Gott ist unsre Zuversicht.** *Psalm 62,9*

Das ist die Zuversicht, mit der wir vor ihm reden: Wenn wir um etwas bitten nach seinem Willen, so hört er uns. *1. Johannes 5,14*

Wenn die Last der Welt dir zu schaffen macht, hört er dein Gebet. Wenn dich Furcht befällt vor der langen Nacht, hört er dein Gebet. Er hört dein Gebet, hört auf dein Gebet. Er versteht, was sein Kind bewegt. Gott hört dein Gebet. Mark Head/Christoph Zehendner

24. Montag **Du bereitest vor mir einen Tisch im Angesicht meiner Feinde. Du salbest mein Haupt mit Öl und schenkest mir voll ein.** *Psalm 23,5*

Als Jesus in Betanien war im Hause Simons des Aussätzigen und saß zu Tisch, da kam eine Frau, die hatte ein Alabastergefäß mit unverfälschtem, kostbarem Nardenöl, und sie zerbrach das Gefäß und goss das Öl auf sein Haupt. Da wurden einige unwillig und sprachen untereinander: Was soll diese Vergeudung des Salböls? Jesus aber sprach: Lasst sie! Was bekümmert ihr sie? Sie hat ein gutes Werk an mir getan. *Markus 14,3–4.6*

Du setzest mich zu Tische, machst, dass ich mich erfrische, wenn mir mein Feind viel Schmerzen erweckt in meinem Herzen. Du salbst mein Haupt mit Öle, du füllst mir Leib und Seele, die leer und durstig saßen, mit voll geschenkten Maßen. BG 79,7.8 Paul Gerhardt

Kl: Matthäus 23,1–12 :: Bl: Markus 8,22–26

25. Dienstag **HERR, ich freue mich über deine Hilfe.**

1. Samuel 2,1

Maria sprach: **Meine Seele erhebt den Herrn, und mein Geist freuet sich Gottes, meines Heilandes; denn er hat die Niedrigkeit seiner Magd angesehen.**

Lukas 1,46–48

Du hast mir so oft neuen Mut gegeben. Wenn ich am Boden lag, hobst du mich auf. Ich schöpfte wieder Kraft zum Weiterleben. Du gabst mir Hoffnung, und ich gab nicht auf. Ich danke dir, mein Gott! Ich lobe dich, mein Gott! Wer auf dich hofft, kriegt wieder neue Kraft.

Jörg Swoboda/Theo Lehmann

Kl: 1. Samuel 17,38–51 :: Bl: Markus 8,27–33

26. Mittwoch **Mir hast du Arbeit gemacht mit deinen Sünden und hast mir Mühe gemacht mit deinen Missetaten. Ich, ich tilge deine Übertretungen um meinetwillen und gedenke deiner Sünden nicht.**

Jesaja 43,24–25

Einst standet ihr Gott fremd und feindlich gegenüber und habt das durch eure bösen Taten gezeigt. Aber weil Christus in seinem menschlichen Leib den Tod auf sich nahm, hat Gott jetzt mit euch Frieden gemacht. *Kolosser 1,21–22*

Wir danken dir, Herr, unser Gott, für diesen Tag. Wir danken dir, dass du uns ins Leben gerufen hast, uns erhältst und unsere Schuld vergibst. Für deine Mühe und Arbeit, für deine Liebe zu uns, danken wir dir. Gib uns auch heute deinen Frieden. *

Kl: Johannes 8,3–11 :: Bl: Markus 8,34–9,1

27. Donnerstag **Der HERR, unser Gott, hat uns behütet auf dem ganzen Wege, den wir gegangen sind.** *Josua 24,17*

Siehe, ich bin bei euch alle Tage bis an der Welt Ende. *Matthäus 28,20*

Wer überströmet mich mit Segen? Bist du es nicht, o reicher Gott! Wer schützet mich auf meinen Wegen? Du, du, o Herr Gott Zebaoth! Auch in der größesten Gefahr ward deines Trostes ich gewahr.
330,5 Johann Mentzer

Kl: 1. Petrus 5,1–5 :: Bl: Markus 9,2–13

28. Freitag **Gott, du bist mein Gott, den ich suche. Es dürstet meine Seele nach dir.** *Psalm 63,2*

Jesus spricht: **Wen da dürstet, der komme zu mir und trinke!** *Johannes 7,37*

Wenn wir beten, halten wir Rast bei größerem Frieden als unserem eigenen, atmen wir den frischen Wind einer großen Gerechtigkeit, spüren wir einen Hauch eines liebevollen Geistes, gönnen wir uns eine Wahrhaftigkeit, die uns die Augen öffnet. Frieder Burkhardt

Kl: Lukas 22,54–62 :: Bl: Markus 9,14–29

29. Samstag **Hiskia wurde todkrank; und er betete zum HERRN. Der redete mit ihm und gab ihm ein Wunderzeichen. Aber Hiskia vergalt nicht nach dem, was ihm geschehen war; denn sein Herz überhob sich.** *2. Chronik 32,24–25*

Einer unter ihnen, als er sah, dass er gesund geworden war, kehrte er um und pries Gott mit lauter Stimme und fiel nieder auf sein Angesicht zu Jesu Füßen und dankte ihm. *Lukas 17,15–16*

Wie sollen wir beten? Wir sollen so beten, dass wir Gott dem Herrn für seine Wohltaten Dank sagen und unsere geistlichen und körperlichen Bedürfnisse im Namen des Herrn Jesus Christus voller Hoffnung vor ihn bringen.

Böhmisch-Brüderischer Katechismus, Frage 50

Kl: Jesaja 26,1–6 :: Bl: Markus 9,30–37

12. SONNTAG NACH TRINITATIS

Das geknickte Rohr wird er nicht zerbrechen, und den glimmenden Docht wird er nicht auslöschen.

Jesaja 42,3a

Wochenlied: 289

Ev: Markus 7,31–37 :: Ep: Apostelgeschichte 9,1–20

AT: Jesaja 29,17–24 :: Pr: 1. Korinther 3,9–17 :: Bl: Psalm 147

30. Sonntag **Das Werk der Gerechtigkeit wird Friede sein und die Frucht des Rechtes Sicherheit auf ewig.** *Jesaja 32,17*

Das Reich Gottes ist nicht Essen und Trinken, sondern Gerechtigkeit und Friede und Freude im Heiligen Geist. *Römer 14,17*

Gott des Himmels und der Erden, wir bitten dich um Gerechtigkeit, dass sie aufgehe wie die Morgenröte des neuen Tages. Dass sie den Machtmissbrauch der Starken überwinde und den Schwachen zum Recht helfe. Schenke uns Hoffnung, wenn uns der Mut sinkt. Gib uns die Gewissheit, dass der Morgenröte der Gerechtigkeit der helle Tag folgt, an dem alles Unrecht überwunden ist.
Heinrich Bedford-Strohm

31. Montag **Erkennet, dass der Herr Gott ist!**
Psalm 100,3

Er ist nicht ferne von einem jeden unter uns. Denn in ihm leben, weben und sind wir.
Apostelgeschichte 17,27–28

Erkennt, dass Gott ist unser Herr, der uns erschaffen ihm zur Ehr, und nicht wir selbst: durch Gottes Gnad ein jeder Mensch sein Leben hat.
288,2 David Denicke

Kl: Matthäus 9,27–34 :: Bl: Markus 9,38–41

SEPTEMBER

Monatsspruch: Ja, Gott war es, der in Christus die Welt mit sich versöhnt hat. *2. Korinther 5,19*

1. Dienstag **Es wird geschehen zu der Zeit, dass die Wurzel Isais dasteht als Zeichen für die Völker.**
Jesaja 11,10

Als Jesus aus dem Wasser stieg, sah er, dass sich der Himmel auftat und der Geist wie eine Taube herabkam auf ihn. Und da geschah eine Stimme vom Himmel: Du bist mein lieber Sohn, an dir habe ich Wohlgefallen. *Markus 1,10–11*

Überall, überall lass bis an der Welten Rand, lass durch jeden Kreis der Erden deinen Namen hell erkannt, deine Kraft verherrlicht werden, bis du als der Völker Friedefürst herrschen wirst, herrschen wirst.
BG 998,3 Karl Bernhard Garve

Kl: Markus 3,1–10(11–12) :: Bl: Markus 9,42–50

2. Mittwoch **Lobet ihn, Sonne und Mond, lobet ihn, alle leuchtenden Sterne! Denn er gebot, da wurden sie geschaffen.** *Psalm 148,3.5*

Herr, unser Gott, du bist würdig, zu nehmen Preis und Ehre und Kraft; denn du hast alle Dinge geschaffen, und durch deinen Willen waren sie und wurden sie geschaffen. *Offenbarung 4,11*

Seht das große Sonnenlicht, wie es durch die Wolken bricht; auch der Mond, der Sterne Pracht jauchzen Gott bei stiller Nacht. Himmel, Erde, Luft und Meer zeugen von des Schöpfers Ehr; meine Seele, singe du, bring auch jetzt dein Lob herzu. 504,2.1 Joachim Neander

Kl: Apostelgeschichte 9,31–35 :: Bl: Markus 10,1–12

3. Donnerstag **Sorge im Herzen bedrückt den Menschen; aber ein freundliches Wort erfreut ihn.**

Sprüche 12,25

Seid aber untereinander freundlich und herzlich und vergebt einer dem andern, wie auch Gott euch vergeben hat in Christus. *Epheser 4,32*

Dies kann wie Sonnenstrahlen unsern Tag begleiten: Ein gutes Wort, ein Lächeln, manche Freundlichkeit, die Hand, die schenkt und gibt, ein Stück Versöhnung übt, und Menschen, die zum Friedenstiften sind bereit. BG 112,2 Martin Gotthard Schneider

Kl: Jakobus 5,13–16 :: Bl: Markus 10,13–16

Ökumenischer Tag der Schöpfung

4. Freitag **Der Herr segne dich und behüte dich.**

4. Mose 6,24

Von seiner Fülle haben wir alle genommen Gnade um Gnade. *Johannes 1,16*

Alle sind bei dir zu Tische: Gras und Blumen, Vögel, Fische, Wild des Waldes, Schaf und Rinder; und auch wir, als deine Kinder, wolln gehorsam im Vertrauen dir auf deine Hände schauen. Herr, in deinem großen Namen bitten wir um Segen. Amen.
BG 60,2.3 Johann Amos Comenius/Theodor Gill
Kl: Matthäus 12,15–21 :: Bl: Markus 10,17–27

5. Samstag **Herr, du bist der Armen Schutz gewesen in der Trübsal, eine Zuflucht vor dem Ungewitter, ein Schatten vor der Hitze, wenn die Tyrannen wüten.** *Jesaja 25,4*

Das sagt der Erste und der Letzte, der tot war und ist lebendig geworden: Ich kenne deine Bedrängnis und deine Armut. *Offenbarung 2,8–9*

Ihr Armen und Elenden zu dieser bösen Zeit, die ihr an allen Enden müsst haben Angst und Leid, seid dennoch wohlgemut, lasst eure Lieder klingen, dem König Lob zu singen, der ist eu'r höchstes Gut.
9,5 Michael Schirmer
Kl: Jesaja 57,15–19 :: Bl: Markus 10,28–31

13. SONNTAG NACH TRINITATIS

Christus spricht: Was ihr getan habt einem von diesen meinen geringsten Brüdern, das habt ihr mir getan. *Matthäus 25,40b*
Wochenlied: 412
Ev: Lukas 10,25–37 :: Ep: 1. Johannes 4,7–12
AT: 3. Mose 19,1–3.13–18.33–34
Pr: Apostelgeschichte 6,1–7 :: Bl: Psalm 120

6. Sonntag **Der Herr behüte dich vor allem Übel, er behüte deine Seele.** *Psalm 121,7*

Der Gott des Friedens heilige euch durch und durch und bewahre euren Geist samt Seele und Leib unversehrt, untadelig für das Kommen unseres Herrn Jesus Christus. *1. Thessalonicher 5,23*

Komm du, den meine Seele liebt, der Leben ihr und alles gibt. Komm und erfüll ihr heißes Flehn, und lass mich deinen Himmel sehn. Bernhard von Clairvaux

7. Montag **Deine Augen stehen offen über allen Wegen der Menschenkinder.** *Jeremia 32,19*

Wir haben unsre Hoffnung auf den lebendigen Gott gesetzt, welcher ist der Heiland aller Menschen, besonders der Gläubigen. *1. Timotheus 4,10*

Sprich deinen milden Segen zu allen unsern Wegen, lass Großen und auch Kleinen die Gnadensonne scheinen. 58,11 Paul Gerhardt

Kl: Matthäus 12,1–8 :: Bl: 2. Korinther 1,1–11

8. Dienstag **Ihr werdet erfahren, dass ich der Herr bin, wenn ich so an euch handle zur Ehre meines Namens und nicht nach euren bösen Wegen und verderblichen Taten.** *Hesekiel 20,44*

Er ist gütig gegen die Undankbaren und Bösen. *Lukas 6,35*

Vergibst mir täglich so viel Schuld, du Herr von meinen Tagen; ich aber sollte nicht Geduld mit meinen Nächsten tragen, dem nicht verzeihn, dem du vergibst, und die nicht lieben, die du liebst?

BG 460,6 Christian Fürchtegott Gellert/Hans Lanz

Kl: Amos 5,4–15 :: Bl: 2. Korinther 1,12–24

9. Mittwoch **Es sollen hertreten und dir helfen die Sterngucker, die an jedem Neumond kundtun, was über dich kommen werde! Siehe, sie sind wie Stoppeln, die das Feuer verbrennt.** *Jesaja 47,13–14*

Lasst euch nicht durch mancherlei und fremde Lehren umtreiben, denn es ist ein köstlich Ding, dass das Herz fest werde, welches geschieht durch Gnade. *Hebräer 13,9*

Herr, lass deine Wahrheit uns vor Augen stehn; lass in deiner Klarheit Lug und Trug vergehn. Lass uns in der Stille hören deinen Plan und tun, was dein Wille uns hat kundgetan. Liselotte Corbach

Kl: 5. Mose 24,(10–13)17–22 :: Bl: 2. Korinther 2,1–11

10. Donnerstag **Gott sprach: Meinen Bogen habe ich gesetzt in die Wolken; der soll das Zeichen sein des Bundes zwischen mir und der Erde.** *1. Mose 9,13*

So sollten wir einen starken Trost haben, die wir unsre Zuflucht dazu genommen haben, festzuhalten an der angebotenen Hoffnung. *Hebräer 6,18*

Was unser Gott geschaffen hat, das will er auch erhalten, darüber will er früh und spat mit seiner Güte walten. In seinem ganzen Königreich ist alles recht, ist alles gleich. Gebt unserm Gott die Ehre!

326,3 Johann Jakob Schütz

Kl: Apostelgeschichte 4,32–37 :: Bl: 2. Korinther 2,12–17

11. Freitag **Höre mein Gebet, HERR, und vernimm mein Schreien, schweige nicht zu meinen Tränen.**

Psalm 39,13

Die kanaanäische Frau fiel vor Jesus nieder und sprach: Herr, hilf mir! *Matthäus 15,25*

Der du weißt, was in uns ist, und auch verstehst, was nicht zu sagen ist, hör unsere Seele, die wartet und betet und die sich dreht und wendet und sucht nach dir.

Huub Oosterhuis

Kl: Jakobus 2,5–13 :: Bl: 2. Korinther 3,1–11

12. Samstag **Die Erde ist des HERRN und was darinnen ist, der Erdkreis und die darauf wohnen.** *Psalm 24,1*

So seht nun sorgfältig darauf, wie ihr euer Leben führt, nicht als Unweise, sondern als Weise. *Epheser 5,15*

Aller Augen warten auf Dich, o Herr, und Du gibst Dich uns: in dem Licht, das wir schauen, in der Luft, die wir atmen, in dem Wasser, das wir trinken, in den Speisen, die wir essen, und in den Menschen, mit denen wir zusammenkommen. Wir danken Dir und loben und preisen Dich. Felicitas Betz

Kl: Judas 1.2.20–25 :: Bl: 2. Korinther 3,12–18

14. SONNTAG NACH TRINITATIS

Lobe den HERRN, meine Seele, und vergiss nicht, was er dir Gutes getan hat. *Psalm 103,2*

Wochenlied: 333

Ev: Lukas 17,11–19 :: Ep: Römer 8,14–17

AT: 1. Mose 28,10–19a(19b–22) :: Pr: Lukas 19,1–10

Bl: Psalm 146

13. Sonntag **Ach HERR, siehe, du hast Himmel und Erde gemacht durch deine große Kraft und durch deinen ausgereckten Arm, und es ist kein Ding vor dir unmöglich.** *Jeremia 32,17*

Jesus spricht: **Mir ist gegeben alle Gewalt im Himmel und auf Erden. Darum gehet hin und lehret alle Völker: Taufet sie auf den Namen des Vaters und des Sohnes und des Heiligen Geistes und lehret sie halten alles, was ich euch befohlen habe.** *Matthäus 28,18–20*

Herr, wir bitten: Komm und segne uns; lege auf uns deinen Frieden. Segnend halte Hände über uns. Rühr uns an mit deiner Kraft. In die Nacht der Welt hast du uns gestellt, deine Freude auszubreiten. In der Traurigkeit, mitten in dem Leid, lass uns deine Boten sein. Peter Strauch

14. Montag **Du wirst fröhlich sein über den HERRN und wirst dich rühmen des Heiligen Israels.**

Jesaja 41,16

Wir rühmen uns auch Gottes durch unsern Herrn Jesus Christus, durch den wir jetzt die Versöhnung empfangen haben. *Römer 5,11*

Dein Leben sei ein Lied, das Gottes Güte preise. Gib seiner Liebe Raum: Er schenkt dir Wort und Weise. Bring deine Stimme ein da, wo sein Lob erklinget: Die neue Welt bricht an, wo Gottes Volk lobsinget.

Lindolfo Weingärtner

Kl: 5. Mose 26,1–11 :: Bl: 2. Korinther 4,1–6

15. Dienstag **Abram zog aus, wie der HERR zu ihm gesagt hatte.** *1. Mose 12,4*

Die aus dem Glauben sind, das sind Abrahams Kinder. *Galater 3,7*

Vertraut den neuen Wegen, auf die uns Gott gesandt! Er selbst kommt uns entgegen. Die Zukunft ist sein Land. Wer aufbricht, der kann hoffen in Zeit und Ewigkeit. Die Tore stehen offen. Das Land ist hell und weit.

395,3 Klaus-Peter Hertzsch

Kl: Galater 5,22–26 :: Bl: 2. Korinther 4,7–18

16. Mittwoch **Ehre den HERRN mit deinem Gut.** *Sprüche 3,9*

Leiht, ohne etwas dafür zu erhoffen. So wird euer Lohn groß sein, und ihr werdet Kinder des Höchsten sein. *Lukas 6,35*

Herr, unser Gott, wir danken dir für alles, was du uns in unserem Leben schenkst. Wir empfangen so viel mehr, als wir je geben könnten. Bewahre uns davor, abzustumpfen gegenüber den vielfältigen Formen von Armut und Elend in unserer Umgebung und in unserer Welt. Lass uns großzügig sein und dir die Ehre geben. *

Kl: Philemon 1–16(17–22) :: Bl: 2. Korinther 5,1–10

17. Donnerstag **Ich bin der HERR, dein Gott, der deine rechte Hand fasst und zu dir spricht: Fürchte dich nicht, ich helfe dir!** *Jesaja 41,13*

Als Petrus den starken Wind sah, erschrak er und begann zu sinken und schrie: Herr, rette mich! Jesus aber streckte sogleich die Hand aus und ergriff ihn. *Matthäus 14,30–31*

Wenn ich auch gleich nichts fühle von deiner Macht, du führst mich doch zum Ziele auch durch die Nacht; so nimm denn meine Hände und führe mich bis an mein selig Ende und ewiglich. 376,3 Julie Hausmann

Kl: 1. Chronik 29,9–18 :: Bl: 2. Korinther 5,11–21

18. Freitag **Ich bin der HERR, der das Recht liebt und Raub und Unrecht hasst.** *Jesaja 61,8*

Niemand gehe zu weit und übervorteile seinen Bruder im Handel. Denn der Herr straft dies alles. *1. Thessalonicher 4,6*

Hilf uns, ehrlich miteinander umzugehen, uns in Arbeit und Beruf gegenseitig zu achten und zu fördern. Sei du selbst Maß und Ziel für all unser Tun.
Aus einer Liturgie der Brüdergemeine

Kl: Johannes 13,31–35 :: Bl: 2. Korinther 6,1–10

19. Samstag **Gott ist weise und mächtig; wer stellte sich ihm entgegen und blieb unversehrt?** *Hiob 9,4*

Trachtet nicht nach hohen Dingen, sondern haltet euch zu den niedrigen. Haltet euch nicht selbst für klug. *Römer 12,16*

Unser Wissen und Verstand ist mit Finsternis verhüllet, wo nicht deines Geistes Hand uns mit hellem Licht erfüllet; Gutes denken, tun und dichten musst du selbst in uns verrichten. 161,2 Tobias Clausnitzer

Kl: 2. Thessalonicher 2,13–17 :: Bl: 2. Korinther 6,11–7,4

---

15. SONNTAG NACH TRINITATIS

Alle eure Sorge werft auf ihn; denn er sorgt für euch.
1. Petrus 5,7

Wochenlied: 369 oder 427
Ev: Matthäus 6,25–34 :: Ep: 1. Petrus 5,5b–11
Pr/AT: 1. Mose 2,4b–9(10–14)15(18–25) :: Bl: Psalm 127

---

20. Sonntag **Du sollst deinen Vater und deine Mutter ehren.** *2. Mose 20,12*

Nehmt einander an, wie Christus euch angenommen hat zu Gottes Ehre. *Römer 15,7*

Wir sind von Gott aufgerufen, verantwortungsvoll mit unseren Eltern umzugehen und bis zum letzten Tag zu lernen, was »ehren« heißt: nicht vergessen, dass auch sie in ihrem Leben vieles zu tragen hatten. Sich erinnern, dass sie für unser Leben Gewicht haben – im Guten, wie auch im Schweren. Bereit sein, wenn sie angewiesen sind auf uns, sie mitzutragen und ihnen ihre Würde zu lassen. Hermann Klenk

21. Montag **Ich liege gefangen und kann nicht heraus, mein Auge vergeht vor Elend. Herr, ich rufe zu dir täglich.** *Psalm 88,9–10*

Jesus betet: **Ich bitte nicht, dass du sie aus der Welt nimmst, sondern dass du sie bewahrst vor dem Bösen.**
Johannes 17,15

Dir ist mein Flehn, mein Seufzen nicht verborgen, und meine Tränen sind vor dir. Ach Gott, mein Gott, wie lange soll ich sorgen? Wie lang entfernst du dich von mir? Herr, handle nicht mit mir nach meinen Sünden, vergilt mir nicht nach meiner Schuld. Ich suche dich; lass mich dein Antlitz finden, du Gott der Langmut und Geduld. Christian Fürchtegott Gellert

Kl: Philipper 4,8–14 :: Bl: 2. Korinther 7,5–16

22. Dienstag **HERR, wie lange willst du mich so ganz vergessen? Wie lange verbirgst du dein Antlitz vor mir?** *Psalm 13,2*

In der Welt habt ihr Angst; aber seid getrost, ich habe die Welt überwunden. *Johannes 16,33*

Wend von mir nicht dein Angesicht, lass mich im Kreuz nicht zagen; weich nicht von mir, mein höchste Zier, hilf mir mein Leiden tragen. Hilf mir zur Freud nach diesem Leid; hilf, dass ich mag nach dieser Klag dort ewig dir Lob sagen. 346,5 Georg Weissel

Kl: 1. Timotheus 6,(3–5)6–11a :: Bl: 2. Korinther 8,1–9

23. Mittwoch **Er wird den Tod verschlingen auf ewig.**
Jesaja 25,8

Wir sind bedrückt und stöhnen, solange wir noch in diesem Körper leben; wir wollen aber nicht von unserem sterblichen Körper befreit werden, sondern in den unvergänglichen Körper hineinschlüpfen. Was an uns vergänglich ist, soll vom Leben verschlungen werden. *2. Korinther 5,4*

Wenn ich, mein Gott, einst sterben soll, so schenke du mir deine Nähe. Ich habe Angst, das weißt du wohl, weil ich nur dieses Leben sehe und möchte doch dein Leben schauen. Ich bitte, Herr, hilf mir vertrauen.
BG 966,1 Günter Schott

Kl: Prediger 4,(4–7)8–12 :: Bl: 2. Korinther 8,10–24

24. Donnerstag **Sie gieren alle, Klein und Groß, nach unrechtem Gewinn, und Propheten und Priester gehen alle mit Lüge um und heilen den Schaden meines Volks nur obenhin, indem sie sagen: »Friede! Friede!«, und ist doch nicht Friede.** *Jeremia 6,13–14*

Ein jeder Baum wird an seiner eigenen Frucht erkannt. Denn man pflückt nicht Feigen von den Dornen, auch liest man nicht Trauben von den Hecken. Ein guter Mensch bringt Gutes hervor aus dem guten Schatz seines Herzens. *Lukas 6,44–45*

Ach hilf, Herr, dass wir werden gleich dem guten, fruchtbarn Lande und sein an guten Werken reich in unserm Amt und Stande, viel Früchte bringen in Geduld, bewahren deine Lehr und Huld in feinem, gutem Herzen. 196,4 David Denicke

Kl: Lukas 10,38–42 :: Bl: 2. Korinther 9,1–9

25. Freitag **Großen Frieden haben, die dein Gesetz lieben; sie werden nicht straucheln.** *Psalm 119,165*

Lasst das Wort Christi reichlich unter euch wohnen: Lehrt und ermahnt einander in aller Weisheit. *Kol. 3,16*

Der Friede, den Gott gibt, rührt nicht nur unsre Herzen. In Anspruch nimmt er uns, die Worte und die Taten, verändert uns und zeigt für uns die Richtung an: Sein Friede ist der Weg, auf dem man gehen kann.

Johannes Kuhn

Kl: 1. Korinther 7,17–24 :: Bl: 2. Korinther 9,10–15

26. Samstag **Ich bin bei dir, spricht der HERR, dass ich dir helfe.** *Jeremia 30,11*

Paulus schreibt: **Bei meinem ersten Verhör stand mir niemand bei, sondern sie verließen mich alle. Es sei ihnen nicht zugerechnet. Der Herr aber stand mir bei und stärkte mich.** *2. Timotheus 4,16–17*

Komm, Tröster, der die Herzen lenkt, du Beistand, den der Vater schenkt; aus dir strömt Leben, Licht und Glut, du gibst uns Schwachen Kraft und Mut. Friedrich Dörr

Kl: Markus 12,41–44 :: Bl: 2. Korinther 10,1–11

---

16. SONNTAG NACH TRINITATIS

Christus Jesus hat dem Tode die Macht genommen und das Leben und ein unvergängliches Wesen ans Licht gebracht durch das Evangelium. *2. Tim. 1,10b*

Wochenlied: 115

Ev: Johannes 11,1(2)3.17–27(28–38a)38b–45

Pr/Ep: 2. Timotheus 1,7–10

AT: Klagelieder 3,22–26.31–32 :: Bl: Psalm 125

27. Sonntag **Der Herr lässt sein Heil verkündigen; vor den Völkern macht er seine Gerechtigkeit offenbar.** *Psalm 98,2*

Als Barnabas und Paulus in Antiochia angekommen waren und die Gemeinde versammelt hatten, berichteten sie, was Gott alles durch sie getan und dass er allen Völkern die Tür zum Glauben aufgetan habe. *Apg. 14,27*

Der Herr gedenkt an sein Erbarmen, und seine Wahrheit stehet fest; er trägt sein Volk auf seinen Armen und hilft, wenn alles uns verlässt. Bald schaut der ganze Kreis der Erde, wie unsers Gottes Huld erfreut. Gott will, dass sie ein Eden werde; rühm, Erde, Gottes Herrlichkeit! 286,2 Matthias Jorissen

28. Montag **Denk an deinen Schöpfer in deiner Jugend, ehe die bösen Tage kommen und die Jahre sich nahen, da du wirst sagen: »Sie gefallen mir nicht.«** *Prediger 12,1*

Philippus findet Nathanael und spricht zu ihm: Wir haben den gefunden, von dem Mose im Gesetz und die Propheten geschrieben haben, Jesus, Josefs Sohn, aus Nazareth. Und Nathanael sprach zu ihm: Was kann aus Nazareth Gutes kommen! Philippus spricht zu ihm: Komm und sieh! *Johannes 1,45–46*

Ach sucht doch den, lasst alles stehn, die ihr das Heil begehret; er ist der Herr, und keiner mehr, der euch das Heil gewähret. Sucht ihn all Stund von Herzensgrund, sucht ihn allein; denn wohl wird sein dem, der ihn herzlich ehret. 346,3 Georg Weissel

Kl: Römer 6,18–23 :: Bl: 2. Korinther 10,12–18

MICHAELISTAG

Der Engel des HERRN lagert sich um die her, die ihn fürchten, und hilft ihnen heraus. *Psalm 34,8*

Lied: 142 oder 331

Ev: Lukas 10,17–20 :: Pr/Ep: Offenbarung 12,7–12

AT: 1. Mose 21,8–21 :: Bl: 2. Korinther 11,1–15

29. Dienstag **Liebt Wahrheit und Frieden!** *Sacharja 8,19*

Ihr werdet die Wahrheit erkennen, und die Wahrheit wird euch frei machen. *Johannes 8,32*

Darum, du treuer Christ: Suche die Wahrheit, höre die Wahrheit, lerne die Wahrheit, liebe die Wahrheit, rede die Wahrheit, halte die Wahrheit, verteidige die Wahrheit bis in den Tod, denn die Wahrheit befreit dich von der Sünde, vom Teufel, vom Tod der Seele und schließlich vom ewigen Tod. Jan Hus

30. Mittwoch **Ich glaube, auch wenn ich sage: Ich werde sehr geplagt.** *Psalm 116,10*

Selig ist, wer Anfechtung erduldet; denn nachdem er bewährt ist, wird er die Krone des Lebens empfangen, die Gott verheißen hat denen, die ihn lieb haben. *Jakobus 1,12*

Anfechtungen sind Umarmungen Gottes.
Martin Luther

Kl: 1. Mose 16,6b–14 :: Bl: 2. Korinther 11,16–33

OKTOBER

Monatsspruch: Suchet der Stadt Bestes und betet für sie zum HERRN; denn wenn's ihr wohlgeht, so geht's euch auch wohl. *Jeremia 29,7*

1. Donnerstag **Weil dein Herz weich geworden ist und du dich gedemütigt hast vor Gott, so habe ich dich auch erhört, spricht der HERR.** *2. Chronik 34,27*

Paulus schreibt: **Ich bin der geringste unter den Aposteln, der ich nicht wert bin, dass ich ein Apostel heiße, weil ich die Gemeinde Gottes verfolgt habe. Aber durch Gottes Gnade bin ich, was ich bin.**

1. Korinther 15,9–10

Wo ist doch so ein Gott zu finden, der mit so schonender Geduld den Sünder sucht und ihm die Sünden so gern vergibt und aller Schuld, sobald er Gnade sucht, vergisst, der wie du allen gütig ist?
BG 688,1 Henriette Katharina von Gersdorf

Kl: 2. Mose 23,20–25(26–27) :: Bl: 2. Korinther 12,1–10

2. Freitag **Ihre Wege habe ich gesehen, aber ich will sie heilen und sie leiten und ihnen wieder Trost geben.** *Jesaja 57,18*

Jesus spricht: **Nicht die Starken bedürfen des Arztes, sondern die Kranken. Ich bin nicht gekommen, Gerechte zu rufen, sondern Sünder.** *Markus 2,17*

Ich lobe meinen Gott, der meine Tränen trocknet, dass ich lache. Ich lobe meinen Gott, der meine Angst vertreibt, damit ich atme. Ehre sei Gott auf der Erde in allen Straßen und Häusern, die Menschen werden singen, bis das Lied zum Himmel steigt. Ehre sei Gott und den Menschen Frieden, Frieden auf Erden.

BG 737,3 Hans-Jürgen Netz

Kl: Matthäus 18,10–14 :: Bl: 2. Korinther 12,11–21

3. Samstag **Das Volk, das im Finstern wandelt, sieht ein großes Licht, und über denen, die da wohnen im finstern Lande, scheint es hell.** *Jesaja 9,1*

Ihr sollt die Wohltaten dessen verkündigen, der euch berufen hat aus der Finsternis in sein wunderbares Licht. *1. Petrus 2,9*

Friede, den kein Sturm zerstört, Wort, das unsre Worte hört, Wahrheit, die an Blinde denkt, Liebe, die sich selbst verschenkt. Lobt die Macht, die sich verneigt. Lobt den Himmel, der nicht schweigt. Lobt das Licht, in uns entfacht, Licht aus Licht in unsrer Nacht.

BG 218,5.7 Georg Schmid

Kl: Apostelgeschichte 12,1–11 :: Bl: 2. Korinther 13,1–13

ERNTEDANKFEST

Aller Augen warten auf dich, und du gibst ihnen ihre Speise zur rechten Zeit. *Psalm 145,15*

Wochenlied: 324 oder 514

Pr/Ev: Markus 8,1–9 :: Ep: 2. Korinther 9,6–15

AT: 5. Mose 8,7–18 :: Bl: Psalm 65

---

4. Sonntag **Verlass dich auf den Herrn von ganzem Herzen, und verlass dich nicht auf deinen Verstand, sondern gedenke an ihn in allen deinen Wegen, so wird er dich recht führen.** *Sprüche 3,5–6*

Darum umgürtet die Hüften eurer Vernunft, seid nüchtern und hofft ganz und gar auf die Gnade, die auf euch zukommt bei der Offenbarung Jesu Christi! *1. Petrus 1,13*

Der Glaub, den Gott aus Gnaden gibt, macht, dass man seinen Willen liebt, erforscht und hält seine Gebot und pflegt, was er geschaffen hat. BG 402,2 Michael Weiße

5. Montag **Du Menschenkind, alle meine Worte, die ich dir sage, die fasse mit dem Herzen und nimm sie zu Ohren!** *Hesekiel 3,10*

Wir sollen desto mehr achten auf das Wort, das wir hören, damit wir nicht am Ziel vorbeitreiben. *Hebräer 2,1*

Öffn uns die Ohren und das Herz, dass wir das Wort recht fassen, in Lieb und Leid, in Freud und Schmerz es aus der Acht nicht lassen; dass wir nicht Hörer nur allein des Wortes, sondern Täter sein, Frucht hundertfältig bringen. 196,2 David Denicke

Kl: Hebräer 11,1–7(8–10) :: Bl: Jeremia 1,1–19

6. Dienstag **Ich will mein Angesicht nicht mehr vor ihnen verbergen; denn ich habe meinen Geist über das Haus Israel ausgegossen, spricht Gott der Herr.** *Hesekiel 39,29*

Es sind verschiedene Gaben; aber es ist ein Geist. Und es sind verschiedene Ämter; aber es ist ein Herr. Und es sind verschiedene Kräfte; aber es ist ein Gott, der da wirkt alles in allen. Durch einen jeden offenbart sich der Geist zum Nutzen aller.

1. Korinther 12,4–7

So lass denn deinen Friedenswind uns sanft und stark durchwehen, dass Herz und Herze sich verbind, geeint vor dir zu stehen. Und wenn wir mit vereinter Kraft zu deinem Herzen eilen, wollst du, der neues Leben schafft, all unsere Schäden heilen.

BG 375,2 Anna Dober

Kl: Jakobus 1,1–6(7–11)12–13 :: Bl: Jeremia 2,1–13

7. Mittwoch **Meinst du, dass ich Gefallen habe am Tode des Gottlosen, spricht Gott der Herr, und nicht vielmehr daran, dass er sich bekehrt von seinen Wegen und am Leben bleibt?** *Hesekiel 18,23*

Ich bin als Licht in die Welt gekommen, auf dass, wer an mich glaubt, nicht in der Finsternis bleibe.

Johannes 12,46

Und wenn du dennoch schuldig wirst – wie alle Menschenkinder –, und von der Wahrheit Weg abirrst, bekenne dich als Sünder. Hör Jesu Wort: Jetzt ist es Zeit, zu Gott zurückzukehren. Vergebung steht dir dort bereit, er will sie dir gewähren.

Johann Amos Comenius/Benigna Carstens

Kl: Lukas 7,1–10 :: Bl: Jeremia 3,21–4,4

8. Donnerstag **Josua sprach zum Volk: Ihr seid Zeugen gegen euch selbst, dass ihr euch den HERRN erwählt habt, um ihm zu dienen. Und sie sprachen: Ja!** *Josua 24,22*

Lasst euch den Siegespreis von niemandem nehmen. *Kolosser 2,18*

Es sei ihm gegeben mein Leben und Streben, mein Gehen und Stehn. Er gebe mir Gaben zu meinem Vorhaben, lass richtig mich gehn. 444,4 Philipp von Zesen

Kl: Apostelgeschichte 5,34–42 :: Bl: Jeremia 6,9–21

9. Freitag **Ich dachte, ich arbeitete vergeblich und verzehrte meine Kraft umsonst und unnütz. Doch mein Recht ist bei dem HERRN und mein Lohn bei meinem Gott.** *Jesaja 49,4*

Seid fest und unerschütterlich und nehmt immer zu in dem Werk des Herrn, denn ihr wisst, dass eure Arbeit nicht vergeblich ist in dem Herrn. *1. Kor. 15,58*

Die Stunde unseres Scheiterns ist die Stunde der unerhörten Nähe Gottes und gerade nicht der Ferne.
Dietrich Bonhoeffer

Kl: Hebräer 12,1–3 :: Bl: Jeremia 7,1–15

10. Samstag **Wenn der HERR spricht, so geschieht's; wenn er gebietet, so steht's da.** *Psalm 33,9*

Jesus stand auf und bedrohte den Wind und sprach zu dem Meer: Schweig! Verstumme! Und der Wind legte sich und es ward eine große Stille. *Markus 4,39*

Gott hat das erste Wort. Es schuf aus Nichts die Welten und wird allmächtig gelten und gehn von Ort zu Ort. Gott steht am Anbeginn, und er wird alles enden. In seinen starken Händen liegt Ursprung, Ziel und Sinn.
199,1.5 Jan Wit/Markus Jenny
Kl: Matthäus 14,22–33 :: Bl: Jeremia 7,16–28

---

18. SONNTAG NACH TRINITATIS

Dies Gebot haben wir von ihm, dass, wer Gott liebt, dass der auch seinen Bruder liebe. *1. Johannes 4,21*
Wochenlied: 414
Ev: Markus 10,17–27 :: Ep: Epheser 5,15–20
AT: 2. Mose 20,1–17 :: Pr: 5. Mose 30,11–14
Bl: Psalm 119,113–120

---

11. Sonntag **Ein hörendes Ohr und ein sehendes Auge, die macht beide der HERR.** *Sprüche 20,12*

Selig sind eure Augen, dass sie sehen, und eure Ohren, dass sie hören. *Matthäus 13,16*

Wie das Licht nach der Nacht, wenn der Tag anbricht, so erscheint mir die Gnade des Herrn. Wie ein Ruf, wie ein Wort, das man zu mir spricht, und ich weiß, jemand hat mich gern. John Newton/Renate Wagner

12. Montag **Du bist ja der Herr! Ich weiß von keinem Gut außer dir.** *Psalm 16,2*

Das ist aber das ewige Leben, dass sie dich, der du allein wahrer Gott bist, und den du gesandt hast, Jesus Christus, erkennen. *Johannes 17,3*

Ich trau auf dich, o Gott, mein Herr. Wenn ich dich hab, was will ich mehr? Ich hab ja dich, Herr Jesu Christ, du mein Gott und Erlöser bist. Des freu ich mich von Herzen fein, bin gutes Muts und harre dein, verlass mich gänzlich auf dein Wort. Hilf, Helfer, hilf, du treuer Hort! BG 948,2.3 Nikolaus Selnecker/Martin Moller

Kl: Matthäus 6,1–4 :: Bl: Jeremia 9,1–23

13. Dienstag David sprach zu Salomo: **Gott der Herr wird die Hand nicht abziehen und dich nicht verlassen, bis du jedes Werk für den Dienst im Hause des Herrn vollendet hast.** *1. Chronik 28,20*

Dafür halte uns jedermann: für Diener Christi und Haushalter über Gottes Geheimnisse. *1. Korinther 4,1*

Bleib nicht stehen! Es ist eine göttliche Gnade, gut zu beginnen. Es ist eine größere Gnade, auf dem guten Weg zu bleiben. Aber die Gnade der Gnaden ist es, sich nicht zu beugen und, ob auch zerbrochen und erschöpft, vorwärtszugehen bis zu dem Ziel, das Gott uns gesetzt hat. Hélder Câmara

Kl: Markus 3,31–35 :: Bl: Jeremia 12,1–6

14. Mittwoch **Fürchte Gott und halte seine Gebote; denn das gilt für alle Menschen.** *Prediger 12,13*

Petrus sprach: **Nun erfahre ich in Wahrheit, dass Gott die Person nicht ansieht; sondern in jedem Volk, wer ihn fürchtet und Recht tut, der ist ihm angenehm.** *Apostelgeschichte 10,34–35*

Auch denken wir in Wahrheit nicht, Gott sei bei uns alleine. Wir sehen, wie so manches Licht auch andrer Orten scheine. Da pflegen wir denn froh zu sein und uns nicht lang zu sperren; wir dienen ihm und ihm allein, dem einen großen Herren.
BG 500,2 Nikolaus Ludwig von Zinzendorf

Kl: Hoheslied 8,4–7 :: Bl: Jeremia 13,1–11

15. Donnerstag **Bekehrt euch, ein jeder von seinem bösen Wege und von euren bösen Werken.**
Jeremia 25,5

Paulus schreibt: **Ich habe Freude an Gottes Gesetz nach dem inwendigen Menschen. Ich sehe aber ein anderes Gesetz in meinen Gliedern, das widerstreitet dem Gesetz in meinem Verstand und hält mich gefangen im Gesetz der Sünde.** *Römer 7,22–23*

Und bin ich gleich der Sünden voll, hab ich gelebt nicht, wie ich soll, ei, kommst du doch deswegen her, dass sich der Sünder zu dir kehr. Der Will ist da, die Kraft ist klein; doch wird dir nicht zuwider sein mein armes Herz, und was es kann, wirst du in Gnaden nehmen an. BG 209,10.9 Paul Gerhardt

Kl: Galater 5,13–18 :: Bl: Jeremia 14,1–16

16. Freitag **Siehe, der Hüter Israels schläft noch schlummert nicht.** *Psalm 121,4*

Jesus Christus wird euch auch fest machen bis ans Ende. *1. Korinther 1,8*

Was ich sinne, was ich mache, das gescheh in dir allein; wenn ich schlafe, wenn ich wache, wollest du, Herr, bei mir sein; geh ich aus, wollst du mich leiten; komm ich heim, steh mir zur Seiten.

61,2 Johann Rist

Kl: Römer (14,20b–15,1)15,2–6 :: Bl: Jeremia 15,10.15–21

17. Samstag **Nun, Israel, was fordert der HERR, dein Gott, noch von dir, als dass du den HERRN, deinen Gott, fürchtest, dass du in allen seinen Wegen wandelst und ihn liebst und dem HERRN, deinem Gott, dienst von ganzem Herzen und von ganzer Seele?**

5. Mose 10,12

Seid Täter des Worts und nicht Hörer allein.

Jakobus 1,22

Gib zu allen Dingen Wollen und Vollbringen, führ uns ein und aus; wohn in unsrer Seele, unser Herz erwähle dir zum eignen Haus; wertes Pfand, mach uns bekannt, wie wir Jesus recht erkennen und Gott Vater nennen.

135,5 Benjamin Schmolck

Kl: Matthäus 5,17–24 :: Bl: Jeremia 16,1–13

---

19. SONNTAG NACH TRINITATIS

Heile du mich, HERR, so werde ich heil; hilf du mir, so ist mir geholfen. *Jeremia 17,14*

Wochenlied: 324

Ev: Markus 2,1–12 :: Ep: Jakobus 5,13–16

AT: 2. Mose 34,4–10 :: Pr: Epheser 4,22–32

Bl: Psalm 119,121–128

---

18. Sonntag **Gehorsam ist besser als Opfer.**

1. Samuel 15,22

Paulus schreibt: **Euer Gehorsam ist bei allen bekannt geworden. Deshalb freue ich mich über euch.**

Römer 16,19

Es werde das zu aller Zeit auch von uns selbst bewiesen, was wir von dir mit Freudigkeit oft andern angepriesen. Es gehe Tat und Wort in gleichen Schritten fort, damit uns einst dein Zukunftstag erfreun und nicht beschämen mag.

BG 759,4 Nikolaus Ludwig von Zinzendorf

19. Montag **Der Herr macht die Gefangenen frei.**

Psalm 146,7

Wenn euch nun der Sohn frei macht, so seid ihr wirklich frei. *Johannes 8,36*

Darum kommen wir und bitten: Rette, was im Kerker weint, bis am Kreuz, da du gelitten, alle Welt sich hat vereint. Sieh der Völker Elend an; brich dem Wort des Lichts die Bahn!

BG 1019,4 Johann Christoph Blumhardt

Kl: 2. Mose 15,22–27 :: Bl: Jeremia 17,5–13

20. Dienstag **Freu dich, wenn du einen Glückstag hast. Und wenn du einen Unglückstag hast, dann denke daran: Gott schickt dir beide, und du weißt nicht, was als Nächstes kommt.** *Prediger 7,14*

Wir wissen, dass denen, die Gott lieben, alle Dinge zum Besten dienen, denen, die nach seinem Ratschluss berufen sind. *Römer 8,28*

Gott, dir sei Dank für dein gewisses Ja, das zu mir sprach, als ich nur Dunkel sah. In Freud und Leid warst du mir immer nah. Gott, dir sei Dank für jeden neuen Tag, den du noch schenkst mit seiner Lust und Plag. Du bist bei mir, was immer kommen mag. Halleluja, Halleluja! BG 895,3.5 Walter Klaiber

Kl: Lukas 5,12–16 :: Bl: Jeremia 18,1–12

21. Mittwoch **Ein Engel rührte Elia an und sprach zu ihm: Steh auf und iss! Und er stand auf und aß und trank und ging durch die Kraft der Speise vierzig Tage und vierzig Nächte bis zum Berg Gottes.** *1. Könige 19,5.8*

Wir haben diesen Schatz in irdenen Gefäßen, auf dass die überschwängliche Kraft von Gott sei und nicht von uns. *2. Korinther 4,7*

Steh auf und iss! Der Weg ist weit, doch er will selbst dich speisen und dir dein Ziel zur rechten Zeit auf seiner Straße weisen. Steh auf und komm! Er führt dich hin, du musst sein Wort nur fassen. Der deinem Leben gibt den Sinn, der wird dich nicht verlassen. Wilma Klevinghaus

Kl: Lukas 13,10–17 :: Bl: Jeremia 19,1–13

22. Donnerstag **Siehe, meine Tage sind eine Handbreit bei dir, und mein Leben ist wie nichts vor dir. Ach, wie gar nichts sind alle Menschen, die doch so sicher leben!** *Psalm 39,6*

Christus Jesus hat dem Tode die Macht genommen und das Leben und ein unvergängliches Wesen ans Licht gebracht durch das Evangelium. *2. Tim. 1,10*

Ich kam, weiß nicht woher, ich bin und weiß nicht wer, ich leb', weiß nicht wie lang, ich sterb und weiß nicht wann. Ich fahr, weiß nicht wohin. Mich wunderts, dass ich so fröhlich bin. Da mir mein Sein so unbekannt, geb ich es ganz in Gottes Hand. Hans Thoma

Kl: Matthäus 8,14–17 :: Bl: Jeremia 20,7–18

23. Freitag **Ich will mit euch einen ewigen Bund schließen.** *Jesaja 55,3*

Der Gott des Friedens, der den großen Hirten der Schafe, unsern Herrn Jesus, von den Toten heraufgeführt hat durch das Blut des ewigen Bundes, der mache euch tüchtig in allem Guten, zu tun seinen Willen, und schaffe in uns, was ihm gefällt. *Hebräer 13,20–21*

Sollt ich meinem Gott nicht singen? Sollt ich ihm nicht dankbar sein? Denn ich seh in allen Dingen, wie so gut er's mit mir mein'. Ist doch nichts als lauter Lieben, das sein treues Herze regt, das ohn Ende hebt und trägt, die in seinem Dienst sich üben. Alles Ding währt seine Zeit, Gottes Lieb in Ewigkeit. 325,1 Paul Gerhardt

Kl: Jeremia 17,13–17 :: Bl: Jeremia 21,1–14

24. Samstag **Der Herr erweckte den Geist des Volkes, dass sie kamen und arbeiteten am Hause des Herrn Zebaoth, ihres Gottes.** *Haggai 1,14*

Lass nicht außer Acht die Gabe in dir, die dir gegeben ist. *1. Timotheus 4,14*

Komm Schöpfer, Heiliger Geist! Durch dich wird die Welt geschaffen. Schaffe weiter an ihr. Schaffe neu, was du gebildet hast. Verbinde, was zerfällt. Wecke, was unfruchtbar ist. Verjünge, was alt ist. Gib uns Augen, das Licht zu sehen, das geschaffene und das ungeschaffene. Gib uns Kraft, Frucht zu bringen und uns zu freuen mit Leib und Seele. Jörg Zink

Kl: Apostelgeschichte 14,8–18 :: Bl: Jeremia 23,1–8

---

20. SONNTAG NACH TRINITATIS

Es ist dir gesagt, Mensch, was gut ist und was der Herr von dir fordert: nichts als Gottes Wort halten und Liebe üben und demütig sein vor deinem Gott. *Micha 6,8*

Wochenlied: 295 oder 408
Ev: Markus 10,2–9(10–12)13–16
Ep: 2. Korinther 3,3–6(7–9) :: AT: 1. Mose 8,18–22; 9,12–17
Pr: Markus 2,23–28 :: Bl: Psalm 119,129–136

---

25. Sonntag **Amos sprach: Ich bin ein Rinderhirt, der Maulbeerfeigen ritzt. Aber der Herr nahm mich von der Herde und sprach zu mir: Geh hin und weissage meinem Volk Israel!** *Amos 7,14–15*

Als er aber am Galiläischen Meer entlangging, sah er Simon und Andreas, Simons Bruder, wie sie ihre Netze ins Meer warfen; denn sie waren Fischer. Und Jesus sprach zu ihnen: Kommt, folgt mir nach; ich will euch zu Menschenfischern machen! *Markus 1,16–17*

Herr, sende mich wie deine Jünger, und gehe du mir selbst voran. Ich will dir folgen, will bei dir bleiben und will dir treu sein; gib du mir Kraft.

210,5 Otmar Schulz

26. Montag **Ich, ich bin euer Tröster! Wer bist du denn, dass du dich vor Menschen fürchtest, die doch sterben?** *Jesaja 51,12*

Der in euch ist, ist größer als der, der in der Welt ist. *1. Johannes 4,4*

Du bist gerecht und rettest meine Ehre, wenn ich mich einsam gegen Unrecht wehre. Dass Menschen wehtun und Verkehrtes sagen, hilf mir ertragen.
BG 822,2 Detlev Block

Kl: 2. Thessalonicher 3,6–13 :: Bl: Jeremia 23,16–32

27. Dienstag **Ich weiß wohl, es ist so: Wie könnte ein Mensch recht behalten gegen Gott. Hat er Lust, mit ihm zu streiten, so kann er ihm auf tausend nicht eines antworten.** *Hiob 9,2.3*

Der Schriftgelehrte sprach zu Jesus: Ja, Meister, du hast recht geredet! Er ist einer, und ist kein anderer außer ihm; und ihn lieben von ganzem Herzen, von ganzem Gemüt und mit aller Kraft, und seinen Nächsten lieben wie sich selbst, das ist mehr als alle Brandopfer und Schlachtopfer. Da Jesus sah, dass er verständig antwortete, sprach er zu ihm: Du bist nicht fern vom Reich Gottes. *Markus 12,32–34*

Alles vergehet, Gott aber stehet ohn alles Wanken; seine Gedanken, sein Wort und Wille hat ewigen Grund. Sein Heil und Gnaden, die nehmen nicht Schaden, heilen im Herzen die tödlichen Schmerzen, halten uns zeitlich und ewig gesund. 449,8 Paul Gerhardt

Kl: Römer 13,1–7 :: Bl: Jeremia 25,1–14

28. Mittwoch **Wo ist ein Fels außer unserm Gott?** *Psalm 18,32*

Einen andern Grund kann niemand legen außer dem, der gelegt ist, welcher ist Jesus Christus. *1. Korinther 3,11*

Such, wer da will, ein ander Ziel, die Seligkeit zu finden; mein Herz allein bedacht soll sein, auf Christus sich zu gründen. Sein Wort sind wahr, sein Werk sind klar, sein heilger Mund hat Kraft und Grund, all Feind zu überwinden. 346,1 Georg Weissel

Kl: Epheser 5,25–32 :: Bl: Jeremia 26,1–19

29. Donnerstag **Ihr sollt nichts dazutun zu dem, was ich euch gebiete, und sollt auch nichts davontun, auf dass ihr bewahrt die Gebote des Herrn, eures Gottes.** *5. Mose 4,2*

Meine Lieben, ich schreibe euch nicht ein neues Gebot, sondern das alte Gebot, das ihr von Anfang an gehabt habt. Das alte Gebot ist das Wort, das ihr gehört habt. *1. Johannes 2,7*

Allein auf Gottes Wort will ich mein Grund und Glauben bauen. Das soll mein Schatz sein ewiglich, dem ich allein will trauen. Auch menschlich Weisheit will ich nicht dem göttlich Wort vergleichen, was Gottes Wort klar spricht und richt’, dem soll doch alles weichen. 195,1 Johann Walter

Kl: 1. Korinther 14,26–33 :: Bl: Jeremia 27,1–22

30. Freitag **Sechs Tage sollst du arbeiten; am siebenten Tage sollst du ruhen.** *2. Mose 34,21*

Hab acht auf dich selbst und auf die Lehre; beharre in diesen Stücken! *1. Timotheus 4,16*

Du schenkst uns Zeit, damit wir uns besinnen, und, wenn es nötig, Neues auch beginnen. Herr, lass uns stille werden, dass wir sehn: Du willst zu aller Zeit mit uns durchs Leben gehn. BG 769,5 Hanns Köbler

Kl: Johannes 18,28–32 :: Bl: Jeremia 28,1–17

REFORMATIONSTAG

Einen andern Grund kann niemand legen außer dem, der gelegt ist, welcher ist Jesus Christus. *1. Kor. 3,11*

Lied: 341 oder 360

Ev: Matthäus 5,1–10(11–12) :: Ep: Römer 3,21–28

AT: 5. Mose 6,4–9 :: Pr: Matthäus 10,26b–33

Bl: Jeremia 29,1–14

---

31. Samstag **Ich will des Morgens rühmen deine Güte; denn du bist mir Schutz und Zuflucht in meiner Not.** *Psalm 59,17*

Am Morgen, noch vor Tage, stand Jesus auf und ging hinaus. Und er ging an eine einsame Stätte und betete dort. *Markus 1,35*

Ich danke dir, mein himmlischer Vater, durch Jesus Christus, deinen lieben Sohn, dass du mich diese Nacht vor allem Schaden und Gefahr behütet hast, und bitte dich, du wollest mich diesen Tag auch behüten vor Sünden und allem Übel, dass dir all mein Tun und Leben gefalle. Denn ich befehle mich, meinen Leib und Seele und alles in deine Hände. Dein heiliger Engel sei mit mir, dass der böse Feind keine Macht an mir finde.

Martin Luther

NOVEMBER

Monatsspruch: Gott spricht: Sie werden weinend kommen, aber ich will sie trösten und leiten. *Jeremia 31,9*

---

21. SONNTAG NACH TRINITATIS

Lass dich nicht vom Bösen überwinden, sondern überwinde das Böse mit Gutem. *Römer 12,21*

Wochenlied: 377

Ev: Matthäus 5,38–48 :: Ep: Epheser 6,10–17

Pr/AT: Jeremia 29,1.4–7(8–9)10–14 :: Bl: Psalm 42

---

1. Sonntag **Der Herr, mein Gott, macht meine Finsternis licht.** *Psalm 18,29*

Jesus antwortete dem Blinden und sprach: Was willst du, dass ich für dich tun soll? Der Blinde sprach zu ihm: Rabbuni, dass ich sehend werde. Und Jesus sprach zu ihm: Geh hin, dein Glaube hat dir geholfen. Und sogleich wurde er sehend und folgte ihm nach auf dem Wege. *Markus 10,51–52*

Ich danke dir, du wahre Sonne, dass mir dein Glanz hat Licht gebracht; ich danke dir, du Himmelswonne, dass du mich froh und frei gemacht; ich danke dir, du güldner Mund, dass du mich machst gesund.

400,5 Johann Scheffler

2. Montag **Sie sind alle abgewichen und allesamt verdorben; da ist keiner, der Gutes tut, auch nicht einer.** *Psalm 14,3*

Da ist kein Unterschied: Alle haben ja gesündigt und die Herrlichkeit Gottes verspielt. Gerecht gemacht werden sie ohne Verdienst aus seiner Gnade durch die Erlösung, die in Christus Jesus ist.

Römer 3,22–24

Bei dem will ich mein Leben suchen, der die Zukunft ist und der mein Sein und Haben nicht nach Menschenmaßstab misst. Zu dem will ich mich halten, der zu mir sich hält bis an das Ende dieser Welt.

Tore Littmarck/Hans Lanz

Kl: Römer 12,17–21 :: Bl: Jeremia 30,1–3; 31,1–14

3. Dienstag **Freuet euch mit Jerusalem und seid fröhlich über die Stadt, alle, die ihr sie lieb habt! Freuet euch mit ihr, alle, die ihr über sie traurig gewesen seid.** *Jesaja 66,10*

Hanna pries Gott und redete von ihm zu allen, die auf die Erlösung Jerusalems warteten. *Lukas 2,38*

Herr, du hast Hanna das sehen lassen, worauf sie so sehnsüchtig gewartet hat. Dankbar und voller Ehrfurcht hat sie davon gesprochen und andere angesteckt mit ihrer Freude. Lass auch uns von dem Grund unserer Hoffnung singen und reden. *

Kl: 2. Korinther 10,1–6 :: Bl: Jeremia 31,18–20.31–37

4. Mittwoch **Jauchze, du Tochter Zion! Frohlocke, Israel! Freue dich und sei fröhlich von ganzem Herzen, du Tochter Jerusalem! Denn der HERR hat deine Strafe weggenommen.** *Zefanja 3,14–15*

Jesus Christus ist die Versöhnung für unsre Sünden, nicht allein aber für die unseren, sondern auch für die der ganzen Welt. *1. Johannes 2,2*

Wer die Lehre Christi begreift, hat dasselbe Gefühl wie ein Vogel, der bis dahin nicht wusste, dass er Flügel besitzt und nun plötzlich begreift, dass er fliegen, frei sein kann und nichts mehr zu fürchten braucht.

Leo Tolstoi

Kl: 1. Mose 13,5–12(13–18) :: Bl: Jeremia 36,1–32

5. Donnerstag **Von all dem Guten, das der HERR dem Haus Israel zugesagt hatte, war nichts dahingefallen; alles war eingetroffen.** *Josua 21,45*

Ihr aber, Brüder und Schwestern, seid wie Isaak Kinder der Verheißung. *Galater 4,28*

Lobe den Herren, was in mir ist, lobe den Namen. Alles, was Odem hat, lobe mit Abrahams Samen. Er ist dein Licht, Seele, vergiss es ja nicht. Lobende, schließe mit Amen! 317,5 Joachim Neander

Kl: 3. Mose 19,1–3.13–18 :: Bl: Jeremia 37,1–21

6. Freitag **Ich bin der HERR, und sonst keiner mehr, der ich das Licht mache und schaffe die Finsternis, der ich Frieden gebe und schaffe Unheil. Ich bin der HERR, der dies alles tut.** *Jesaja 45,6–7*

Der Herr richte eure Herzen aus auf die Liebe Gottes und auf das Warten auf Christus.

2. Thessalonicher 3,5

In die Welt bist du gekommen, Jesu, als ein Licht der Welt. Wer ins Herz dich aufgenommen, sich im Glauben an dich hält, der erfährt's, wie du gewiss Licht bringst in die Finsternis.

BG 1019,1 Johann Christoph Blumhardt

Kl: Lukas 22,49–53 :: Bl: Jeremia 38,1–13

7. Samstag **Als meine Seele in mir verzagte, gedachte ich an den Herrn, und mein Gebet kam zu dir.** *Jona 2,8*

Tut es denen gleich, die durch Glauben und Geduld die Verheißungen erben. *Hebräer 6,12*

Und was er mit mir machen will, ist alles mir gelegen; ich halte ihm im Glauben still und hoff auf seinen Segen; denn was er tut, ist immer gut, und wer von ihm behütet ruht, ist sicher allerwegen.

374,3 Philipp Spitta

Kl: 2. Timotheus 2,1–5(6) :: Bl: Jeremia 38,14–28

Beginn der Ökumenischen Friedensdekade

DRITTLETZTER SONNTAG DES KIRCHENJAHRES

Selig sind, die Frieden stiften; denn sie werden Gottes Kinder heißen. *Matthäus 5,9*

Wochenlied: 152 oder 426

Ev: Lukas 17,20–24(25–30) :: Ep: Römer 8,18–25

AT: Micha 4,1–5(7b) :: Pr: 1. Thessalonicher 5,1–6(7–11)

Bl: Psalm 90

---

8. Sonntag Josef sprach zur Frau des Potifar, die ihn verführen wollte: **Wie sollte ich ein so großes Unrecht begehen und wider Gott sündigen?** *1. Mose 39,9*

Paulus schreibt an Timotheus: **So sei nun stark, mein Kind, durch die Gnade in Christus Jesus.**

2. Timotheus 2,1

Wohl denen, die da wandeln vor Gott in Heiligkeit, nach seinem Worte handeln und leben allezeit; die recht von Herzen suchen Gott und seine Zeugniss' halten, sind stets bei ihm in Gnad.

295,1 Cornelius Becker

9. Montag **Ich ließ mich suchen von denen, die nicht nach mir fragten, ich ließ mich finden von denen, die mich nicht suchten.** *Jesaja 65,1*

So halten wir nun dafür, dass der Mensch gerecht wird ohne des Gesetzes Werke, allein durch den Glauben. *Römer 3,28*

Ich lief verirrt und war verblendet, ich suchte dich und fand dich nicht; ich hatte mich von dir gewendet und liebte das geschaffne Licht. Nun aber ist's durch dich geschehn, dass ich dich hab ersehn.

400,4 Johann Scheffler

Kl: 1. Petrus 4,7–11 :: Bl: Jeremia 39,1–18

10. Dienstag **Wende dich zu mir und sei mir gnädig; stärke deinen Knecht mit deiner Kraft!**

Psalm 86,16

Mein Gott aber wird all eurem Mangel abhelfen nach seinem Reichtum in Herrlichkeit in Christus Jesus. *Philipper 4,19*

Fragt nach dem Herrn und seiner Stärke; der Herr ist groß in seinem Werke. Sucht doch sein freundlich Angesicht: Den, der ihn sucht, verlässt er nicht. Denkt an die Wunder, die er tat, und was sein Mund versprochen hat. 290,2 Matthias Jorissen

Kl: Jeremia 18,1–10 :: Bl: Jeremia 40,1–16

11. Mittwoch **Besser wenig mit der Furcht des Herrn als ein großer Schatz, bei dem Unruhe ist.** *Sprüche 15,16*

Was hilft es dem Menschen, die ganze Welt zu gewinnen und Schaden zu nehmen an seiner Seele? *Markus 8,36*

Barmherzig ist er allen, die ihm in Ehrfurcht nahn; die Stolzen lässt er fallen, die Schwachen nimmt er an. Es werden satt aufstehen, die arm und hungrig sind; die Reichen müssen gehen, ihr Gut verweht im Wind. BG 130,2 Maria Luise Thurmair

Kl: Hebräer 13,1–9b :: Bl: Jeremia 41,1–18

12. Donnerstag **Wir, dein Volk, die Schafe deiner Weide, danken dir ewiglich und verkünden deinen Ruhm für und für.** *Psalm 79,13*

So lasst uns nun durch Jesus Gott allezeit das Lobopfer darbringen, das ist die Frucht der Lippen, die seinen Namen bekennen. *Hebräer 13,15*

Lobt Gott den Herrn, ihr Völker all, lobt ihn von Herzensgrunde, preist ihn, ihr Menschen allzumal, dankt ihm zu aller Stunde, dass er euch auch erwählet hat und mitgeteilet seine Gnad in Christus, seinem Sohne.
BG 1039,1 Joachim Sartorius

Kl: 1. Johannes 2,18–26(27–29) :: Bl: Jeremia 42,1–22

13. Freitag **Ich will Wasser gießen auf das Durstige und Ströme auf das Dürre: Ich will meinen Geist auf deine Kinder gießen und meinen Segen auf deine Nachkommen.** *Jesaja 44,3*

Petrus sprach: **Euch und euren Kindern gilt diese Verheißung und allen, die fern sind, so viele der Herr, unser Gott, herzurufen wird.**
Apostelgeschichte 2,39

Du, Gott, hast dir aus vielen Zungen der Völker eine Kirch gemacht, darin dein Lob dir wird gesungen in einer wunderschönen Pracht, die sämtlich unter Christus stehen als ihrem königlichen Haupt und in Gemeinschaft dies begehen, was jeder Christ von Herzen glaubt. 250,3 Friedrich Konrad Hiller

Kl: 2. Korinther 6,1–10 :: Bl: Jeremia 43,1–13

13. November 1741: Alle Brüdergemeinen ehren Jesus Christus als Haupt und Ältesten seiner Gemeinde

14. Samstag **HERR, wie sind deine Werke so groß! Deine Gedanken sind sehr tief.** *Psalm 92,6*

Dem König aller Könige und Herrn aller Herren, der allein Unsterblichkeit hat, der da wohnt in einem Licht, zu dem niemand kommen kann, den kein Mensch gesehen hat noch sehen kann, dem sei Ehre und ewige Macht! Amen. *1. Timotheus 6,15–16*

Herr, ich versuche nicht, deine Tiefe zu durchdringen; mein Verstand kann dich ja auf keine Weise erreichen. Mich verlangt nur, ein wenig von deiner Wahrheit zu verstehen, die mein Herz glaubt und liebt. Denn ich suche nicht zu verstehen, um zu glauben, sondern ich glaube, um zu verstehen! Anselm von Canterbury

Kl: Markus 13,1–8 :: Bl: Jeremia 45,1–5

VORLETZTER SONNTAG DES KIRCHENJAHRES

Wir müssen alle offenbar werden vor dem Richterstuhl Christi. *2. Korinther 5,10a*

Wochenlied: 149 oder 378
Ev: Matthäus 25,31–46 :: Ep: Römer 14,(1–6)7–13
AT: Hiob 14,1–6(7–12)13(14)15–17
Pr: Lukas 16,1–8(9) :: Bl: Psalm 137

---

15. Sonntag **Es ist dir gesagt, Mensch, was gut ist, und was der HERR von dir fordert: nichts als Gottes Wort halten und Liebe üben und demütig sein vor deinem Gott.** *Micha 6,8*

Jage nach der Gerechtigkeit, dem Glauben, der Liebe, dem Frieden mit allen, die den Herrn anrufen aus reinem Herzen. *2. Timotheus 2,22*

Lass mich an andern üben, was du an mir getan; und meinen Nächsten lieben, gern dienen jedermann ohn Eigennutz und Heuchelschein und, wie du mir erwiesen, aus reiner Lieb allein. 82,7 Justus Gesenius

16. Montag **Du sollst deinen Nächsten lieben wie dich selbst; ich bin der Herr.** *3. Mose 19,18*

Bleibt fest in der brüderlichen Liebe. Gastfrei zu sein vergesst nicht; denn dadurch haben einige ohne ihr Wissen Engel beherbergt. *Hebräer 13,1–2*

Ein freundlicher Blick für alle, die suchen, die gebende Hand für Menschen in Not, ein liebendes Herz für Menschen, die fremd sind, so öffnen sich Türen, das Leben beginnt. Bea Nyga

Kl: Matthäus 7,21–27(28–29) :: Bl: Klagelieder 1,1–22

17. Dienstag **Um meines Namens willen halte ich meinen Zorn zurück, und um meines Ruhmes willen bezähme ich mich zu deinen Gunsten, dass ich dich nicht ausrotte.** *Jesaja 48,9*

Gott hat uns errettet und uns berufen mit heiligem Ruf, nicht aufgrund unseres Tuns, sondern aufgrund seiner freien Entscheidung und seiner Gnade, die uns in Christus Jesus zugedacht wurde. *2. Tim. 1,9*

Gott will im Dunkel wohnen und hat es doch erhellt. Als wollte er belohnen, so richtet er die Welt. Der sich den Erdkreis baute, der lässt den Sünder nicht. Wer hier dem Sohn vertraute, kommt dort aus dem Gericht. 16,5 Jochen Klepper

Kl: Johannes 3,17–21 :: Bl: Klagelieder 3,1–33

BUSS- UND BETTAG

Gerechtigkeit erhöht ein Volk; aber die Sünde ist der Leute Verderben. *Sprüche 14,34*

Lied: 299 oder 428

Ev: Lukas 13,(1–5)6–9 :: Ep: Römer 2,1–11

Pr/AT: Jesaja 1,10–18 :: Bl: Klagelieder 3,34–66

18. Mittwoch **Herr, unser Gott, es herrschen wohl andere Herren über uns als du, aber wir gedenken doch allein deiner und deines Namens.** *Jesaja 26,13*

Man muss Gott mehr gehorchen als den Menschen. *Apostelgeschichte 5,29*

Sieh nicht, was andre tun, der andern sind so viel, du kommst nur in ein Spiel, das nimmermehr wird ruhn. Geh einfach Gottes Pfad, lass nichts sonst Führer sein, so gehst du recht und grad, und gingst du ganz allein.
Christian Morgenstern

19. Donnerstag **Schmecket und sehet, wie freundlich der Herr ist. Wohl dem, der auf ihn trauet!** *Psalm 34,9*

Kommt, alles ist schon bereit! *Lukas 14,17*

Kommt, nehmt an Gottes Festmahl teil, erfahrt in Christus euer Heil und schmeckt die Güte unsres Herrn: Esst Brot, trinkt Wein; er gibt es gern.
BG 607,2 Charles Wesley/Ulrike Voigt

Kl: Lukas 15,1–10 :: Bl: Klagelieder 5,1–22

20. Freitag **Er ändert Zeit und Stunde; er setzt Könige ab und setzt Könige ein.** *Daniel 2,21*

Groß und wunderbar sind deine Werke, Herr, allmächtiger Gott! Gerecht und wahrhaftig sind deine Wege, du König der Völker. Wer sollte dich, Herr, nicht fürchten und deinen Namen nicht preisen?
Offenbarung 15,3–4

Die Herren der Welt gehen; du, unser Herr, kommst. Mache allen Völkern deinen Willen bekannt, dass sie danach leben! Aus einer Liturgie der Brüdergemeine

Kl: Hebräer 13,17–21 :: Bl: 2. Petrus 1,1–11

21. Samstag **Gott, deine Güte ist besser als Leben.**
Psalm 63,4

Wir haben erkannt und geglaubt die Liebe, die Gott zu uns hat: Gott ist Liebe; und wer in der Liebe bleibt, der bleibt in Gott und Gott in ihm. *1. Joh. 4,16*

Sei Lob und Ehr dem höchsten Gut, dem Vater aller Güte, dem Gott, der alle Wunder tut, dem Gott, der mein Gemüte mit seinem reichen Trost erfüllt, dem Gott, der allen Jammer stillt. Gebt unserm Gott die Ehre! 326,1 Johann Jakob Schütz

Kl: Offenbarung 20,11–15 :: Bl: 2. Petrus 1,12–21

LETZTER SONNTAG DES KIRCHENJAHRES EWIGKEITSSONNTAG

Lasst eure Lenden umgürtet sein und eure Lichter brennen. *Lukas 12,35*

Wochenlied: 147 oder 153

Ev: Matthäus 25,1–13 :: Pr/Ep: Offenbarung 21,1–7

AT: Jesaja 65,17–19(20–22)23–25 :: Bl: Jesaja 26,7–19

---

22. Sonntag **Ich, ich bin der Herr, und außer mir ist kein Heiland.** *Jesaja 43,11*

Ein Herr, ein Glaube, eine Taufe; ein Gott und Vater aller, der da ist über allen und durch alle und in allen. *Epheser 4,5–6*

Lass uns hier indessen nimmermehr vergessen, dass wir Gott verwandt; dem lass uns stets dienen und im Guten grünen als ein fruchtbar Land, bis wir dort, du werter Hort, bei den grünen Himmelsmaien ewig uns erfreuen. 135,7 Benjamin Schmolck

23. Montag **Ich wohne in der Höhe und im Heiligtum und bei denen, die zerschlagenen und demütigen Geistes sind, auf dass ich erquicke den Geist der Gedemütigten und das Herz der Zerschlagenen.** *Jesaja 57,15*

Jesus sah die große Menge; und sie jammerten ihn, denn sie waren wie Schafe, die keinen Hirten haben. *Markus 6,34*

Wenn Trost und Hilf ermangeln muss, die alle Welt erzeiget, so kommt, so hilft der Überfluss, der Schöpfer selbst, und neiget die Vateraugen denen zu, die sonsten nirgends finden Ruh. Gebt unserm Gott die Ehre!
326,6 Johann Jakob Schütz

Kl: Hebräer 12,18–25 :: Bl: 2. Petrus 2,1–11

24. Dienstag **Aller Welt Enden sehen das Heil unsres Gottes.** *Psalm 98,3*

Zündet man denn ein Licht an, um es unter den Scheffel oder unter die Bank zu setzen? Und nicht, um es auf den Leuchter zu setzen? *Markus 4,21*

Wenn uns der Schein der Sonne schwindet und Licht den fernen Ländern bringt, wird dein Erbarmen dort verkündet, vieltausendfach dein Lob erklingt. Denn wie der Morgen ohne Halten als Leuchten um die Erde geht, scheint auf in wechselnden Gestalten ein unaufhörliches Gebet. Raymund Weber

Kl: 1. Petrus 1,13–21 :: Bl: 2. Petrus 2,12–22

25. Mittwoch **Ihr trinkt den Wein kübelweise und verwendet die kostbarsten Parfüme; aber dass euer Land in den Untergang treibt, lässt euch kalt.** *Amos 6,6*

Den Reichen in der gegenwärtigen Welt aber gebiete, nicht überheblich zu sein und ihre Hoffnung nicht auf den flüchtigen Reichtum zu setzen, sondern auf Gott, der uns alles in reichem Maße zukommen und es uns genießen lässt. Sie sollen Gutes tun, reich werden an guten Werken, freigebig sein und ihren Sinn auf das Gemeinwohl richten. So verschaffen sie sich eine gute Grundlage für die Zukunft, die dazu dient, das wahre Leben zu gewinnen. *1. Timotheus 6,17–19*

Herr, lass deine Wahrheit uns vor Augen stehn. Lass in deiner Klarheit Lug und Trug vergehn. Gib, dass selbstlos werde unser harter Sinn; wend ihn zu der Erde, zu dem Nächsten hin. Liselotte Corbach

Kl: 1. Korinther 3,9–15 :: Bl: 2. Petrus 3,1–9

26. Donnerstag **Nun, unser Gott, wir danken dir und rühmen deinen herrlichen Namen.** *1. Chronik 29,13*

Sagt Dank Gott, dem Vater, allezeit für alles, im Namen unseres Herrn Jesus Christus. *Epheser 5,20*

Man muss wenigstens so viel Zeit aufwenden, Gott für seine Wohltaten zu danken, als man gebraucht hat, ihn darum zu bitten. Vinzenz von Paul

Kl: 1. Thessalonicher 5,9–15 :: Bl: 2. Petrus 3,10–18

27. Freitag **Herr, vor dir liegt all mein Sehnen, und mein Seufzen ist dir nicht verborgen.** *Psalm 38,10*

Wisst, dass euer Glaube, wenn er bewährt ist, Geduld wirkt. *Jakobus 1,3*

Amen ja! Der Herr ist da, er hört, was wir von Herzen flehn, er verleiht voll Freundlichkeit mehr, als wir bitten und verstehn. Reich und groß von Rat und Tat, wird er seinen Gnadenrat selbst mit starker Hand vollziehn. Amen ja, wir baun auf ihn. BG 513,4 Karl Bernhard Garve

Kl: Hebräer 13,10–16 :: Bl: Jesaja 56,1–8

28. Samstag **Ich will euch trösten, wie einen seine Mutter tröstet.** *Jesaja 66,13*

Jesus spricht: **Ich will euch nicht als Waisen zurücklassen; ich komme zu euch. Denn ich lebe, und ihr sollt auch leben.** *Johannes 14,18.19*

Wir sind nicht trostlos unterwegs. Auch wenn es manchmal fast so scheint. Wenn unsre Kräfte nicht mehr reichen und mancher zu versagen meint. Wir sind nicht trostlos unterwegs. Wir sind nicht mutterseelenallein. Gott hat sich lang schon festgelegt, er will an unsrer Seite sein. Christoph Zehendner

Kl: Offenbarung 21,10–14.21–27 :: Bl: Jesaja 56,9–57,13

Beginn des neuen Kirchenjahres

1. SONNTAG IM ADVENT

Siehe, dein König kommt zu dir, ein Gerechter und ein Helfer. *Sacharja 9,9b*

Wochenlied: 4 oder 11

Ev: Matthäus 21,1–11 :: Ep: Römer 13,8–12

Pr/AT: Sacharja 9,9–10 :: Bl: Psalm 24

29. Sonntag **Der Herr mehre euch, euch und eure Kinder!** *Psalm 115,14*

Seine Barmherzigkeit gilt von Geschlecht zu Geschlecht denen, die ihn fürchten. *Lukas 1,50*

Er ist gerecht, ein Helfer wert; Sanftmütigkeit ist sein Gefährt, sein Königskron ist Heiligkeit, sein Zepter ist Barmherzigkeit; all unsre Not zum End er bringt, derhalben jauchzt, mit Freuden singt: Gelobet sei mein Gott, mein Heiland groß von Tat. 1,2 Georg Weissel

30. Montag **So spricht der Herr Zebaoth: Wer euch antastet, der tastet seinen Augapfel an.** *Sacharja 2,12*

Wer will die Auserwählten Gottes beschuldigen? Gott ist hier, der gerecht macht. *Römer 8,33*

Jetzt hat er sein Erbarmen an Israel vollbracht, sein Volk mit mächtgen Armen gehoben aus der Nacht. Der uns das Heil verheißen, hat eingelöst sein Wort. Drum werden ihn lobpreisen die Völker fort und fort.
BG 130,3 Maria Luise Thurmair

Kl: 1. Petrus 1,(8–9)10–13 :: Bl: Jesaja 57,14–21

DEZEMBER

Monatsspruch: Brich dem Hungrigen dein Brot, und die im Elend ohne Obdach sind, führe ins Haus! Wenn du einen nackt siehst, so kleide ihn, und entzieh dich nicht deinem Fleisch und Blut! *Jesaja 58,7*

1. Dienstag Der Herr sprach zu Isaak: **Bleibe als Fremdling in diesem Lande, und ich will mit dir sein und dich segnen.** *1. Mose 26,3*

Führt euer Leben in Gottesfurcht, solange ihr hier in der Fremde weilt. *1. Petrus 1,17*

Ich lasse dich nicht, ich halte dich fest, bis du mich entlässt, gesegnet von dir. Und lass ich dich los, so hältst du mich doch, so hältst du mich noch, ja, du hältst zu mir. Wohin ich auch geh, da bin ich bei dir, dein Segen zieht mit, für immer mit mir.
BG 670,1–3 Siegfried Macht

Kl: Hebräer 10,32–39 :: Bl: Jesaja 58,1–14

2. Mittwoch **Ich traue auf den Herrn. Wie sagt ihr denn zu mir: Flieh wie ein Vogel auf die Berge!** *Psalm 11,1*

Jesus spricht: **Frieden lasse ich euch, meinen Frieden gebe ich euch. Nicht gebe ich euch, wie die Welt gibt. Euer Herz erschrecke nicht und fürchte sich nicht.** *Johannes 14,27*

Das schreib dir in dein Herze, du hochbetrübtes Heer, bei denen Gram und Schmerze sich häuft je mehr und mehr; seid unverzagt, ihr habet die Hilfe vor der Tür; der eure Herzen labet und tröstet, steht allhier.
11,6 Paul Gerhardt
Kl: Kolosser 1,9–14 :: Bl: Jesaja 59,1–15a

3. Donnerstag **Ein jeder gebe, was er geben kann nach dem Segen, den dir der HERR, dein Gott, gegeben hat.** *5. Mose 16,17*

Wenn der gute Wille da ist, so ist jeder willkommen nach dem, was er hat, nicht nach dem, was er nicht hat. *2. Korinther 8,12*

Lass mich das Nöt'ge tun, dass ich das Glück, von dem ich leb, an andre Menschen weitergeb. Die Liebe darf nicht ruhn. Lass mich das Nöt'ge tun.
BG 801,4 Martin Gotthard Schneider
Kl: 1. Thessalonicher 5,(1–3)4–8 :: Bl: Jesaja 59,15b–21

4. Freitag **Es ist umsonst, dass ihr früh aufsteht und hernach lange sitzet und esset euer Brot mit Sorgen; denn seinen Freunden gibt er es im Schlaf.** *Psalm 127,2*

Euer Vater weiß, was ihr bedürft, bevor ihr ihn bittet. *Matthäus 6,8*

Ist einer da, der für mich sorgt, gibt mir mein täglich Brot. Das ist er, der mich kennt und liebt, mich fröhlich macht und mir vergibt. Ich leide keine Not.
BG 481,2 Luděk Rejchrt/Benigna Carstens
Kl: Hesekiel 37,24–28 :: Bl: Jesaja 60,1–14

5. Samstag **Ein Vater der Waisen und ein Helfer der Witwen ist Gott in seiner heiligen Wohnung, ein Gott, der die Einsamen nach Hause bringt, der die Gefangenen herausführt, dass es ihnen wohlgehe.**
Psalm 68,6–7

Am Abend, da die Sonne untergegangen war, brachten sie zu Jesus alle Kranken und Besessenen. Und die ganze Stadt war versammelt vor der Tür. Und er heilte viele. *Markus 1,32–34*

Frischauf, ihr Hochbetrübten, der König kommt mit Macht; an uns, sein' Herzgeliebten, hat er schon längst gedacht. Nun wird kein Angst noch Pein noch Zorn hinfort uns schaden, dieweil uns Gott aus Gnaden lässt seine Kinder sein. BG 141,5 Johann Rist

Kl: Habakuk 2,1–4 :: Bl: Jesaja 60,15–22

---

2. SONNTAG IM ADVENT

Seht auf und erhebt eure Häupter, weil sich eure Erlösung naht. *Lukas 21,28*

Wochenlied: 7

Ev: Lukas 21,25–33 :: Pr/Ep: Jakobus 5,7–8(9–11)

AT: Jesaja 63,15–64,3 :: Bl: Psalm 68,1–19

---

6. Sonntag **Es gefällt mir, die Zeichen und Wunder zu verkünden, die der höchste Gott an mir getan hat.** *Daniel 3,32*

Das Leben ist erschienen, und wir haben gesehen und bezeugen und verkündigen euch das Leben, das ewig ist, das beim Vater war und uns erschienen ist.
1. Johannes 1,2

Wir singen dir, Immanuel, du Lebensfürst und Gnadenquell, du Himmelsblum und Morgenstern, du Jungfraunsohn, Herr aller Herrn. Wir singen dir in deinem Heer aus aller Kraft Lob, Preis und Ehr, dass du, o lang gewünschter Gast, dich nunmehr eingestellet hast.
BG 209,1.2 Paul Gerhardt

7. Montag **Die Verständigen werden leuchten wie des Himmels Glanz, und die viele zur Gerechtigkeit weisen, wie die Sterne immer und ewiglich.**
Daniel 12,3

So sind wir nun Botschafter an Christi statt, denn Gott ermahnt durch uns; so bitten wir nun an Christi statt: Lasst euch versöhnen mit Gott! *2. Kor. 5,20*

In dieser klugen Zeit, Herr, lass uns nicht verdummen: Vor leerem Menschenwort lass dein Wort nicht verstummen. In dieser kalten Zeit lass unsre Herzen brennen: Lass in der Liebe stehn, die deinen Namen nennen. In dieser müden Zeit gib Kraft zu neuem Werke: Wo unser Herz verzagt, sei du, Herr, unsre Stärke!
Lindolfo Weingärtner

Kl: Jesaja 25,1–8 :: Bl: Jesaja 61,1–11

8. Dienstag **Der Tag des Herrn kommt und ist nahe.**
Joel 2,1

Wir warten auf einen neuen Himmel und eine neue Erde nach seiner Verheißung, in denen Gerechtigkeit wohnt. *2. Petrus 3,13*

O lass dein Licht auf Erden siegen, die Macht der Finsternis erliegen und lösch der Zwietracht Glimmen aus, dass wir, die Völker und die Thronen, vereint als Brüder wieder wohnen in deines großen Vaters Haus.
14,6 Friedrich Rückert

Kl: Jesaja 26,7–12(13–15) :: Bl: Jesaja 62,1–12

9. Mittwoch **Der HERR, dein Gott, führt dich in ein gutes Land, ein Land, darin Bäche und Quellen sind und Wasser in der Tiefe.** *5. Mose 8,7*

Gott hat seinen eigenen Sohn nicht verschont, sondern hat ihn für uns alle dahingegeben – wie sollte er uns mit ihm nicht alles schenken? *Römer 8,32*

Er ist auf Erden kommen arm, dass er unser sich erbarm und in dem Himmel mache reich und seinen lieben Engeln gleich. Kyrieleis. 23,6 Martin Luther

Kl: Offenbarung 2,1–7 :: Bl: Jesaja 63,1–6

10. Donnerstag **Die Herrlichkeit des HERRN soll offenbart werden, und alles Fleisch miteinander wird es sehen; denn des HERRN Mund hat's geredet.** *Jes. 40,5*

Wir sahen seine Herrlichkeit, eine Herrlichkeit als des eingeborenen Sohnes vom Vater, voller Gnade und Wahrheit. *Johannes 1,14*

Noch manche Nacht wird fallen auf Menschenleid und -schuld. Doch wandert nun mit allen der Stern der Gotteshuld. Beglänzt von seinem Lichte, hält euch kein Dunkel mehr, von Gottes Angesichte kam euch die Rettung her. 16,4 Jochen Klepper

Kl: 2. Korinther 5,1–10 :: Bl: Jesaja 63,7–16

11. Freitag **Er ist ein lebendiger Gott, der ewig bleibt, und sein Reich ist unvergänglich.** *Daniel 6,27*

Jesus Christus gestern und heute und derselbe auch in Ewigkeit. *Hebräer 13,8*

Es ist würdig und recht, dir zu singen, dich zu loben, dir Dank zu sagen, dich anzubeten an jedem Ort deiner Herrschaft. Du hast uns aus dem Nichts ins Dasein gebracht. Du hast alles getan, um uns in den Himmel zu erheben und uns dein kommendes Reich gnädig zu schenken. Wir sagen dir Dank für die offenbaren und die verborgenen Wohltaten, die uns erwiesen worden sind. Johannes Chrysostomos

Kl: Sacharja 2,14–17 :: Bl: Jesaja 63,17–64,11

12. Samstag **Herr, sei mir gnädig! Heile mich; denn ich habe an dir gesündigt.** *Psalm 41,5*

Das Gebet des Glaubens wird dem Kranken helfen, und der Herr wird ihn aufrichten; und wenn er Sünden getan hat, wird ihm vergeben werden. *Jakobus 5,15*

Nun lob, mein Seel, den Herren, was in mir ist, den Namen sein. Sein Wohltat tut er mehren, vergiss es nicht, o Herze mein. Hat dir dein Sünd vergeben und heilt dein Schwachheit groß, errett' dein armes Leben, nimmt dich in seinen Schoß, mit reichem Trost beschüttet, verjüngt, dem Adler gleich; der Herr schafft Recht, behütet, die leidn in seinem Reich.
289,1 Johann Gramann

Kl: 1. Thessalonicher 4,13–18 :: Bl: Jesaja 65,1–16

3. SONNTAG IM ADVENT

Bereitet dem HERRN den Weg; denn siehe, der HERR kommt gewaltig. *Jesaja 40,3.10*

Wochenlied: 10 oder 16

Pr/Ev: Lukas 1,67–79 :: Ep: 1. Korinther 4,1–5

AT: Jesaja 40,1–11 :: Bl: Psalm 68,20–36

13. Sonntag **Dir, HERR, ist niemand gleich; du bist groß, und dein Name ist groß, wie du es mit der Tat beweist.** *Jeremia 10,6*

Wir haben gesehen und bezeugen, dass der Vater den Sohn gesandt hat als Heiland der Welt. *1. Johannes 4,14*

Du bist arm und machst zugleich uns an Leib und Seele reich. Du wirst klein, du großer Gott, und machst Höll und Tod zu Spott. Aller Welt wird offenbar, ja auch deiner Feinde Schar, dass du, Gott, bist wunderbar.
BG 198,2 Johann Olearius

14. Montag **Wenn deine Gerichte über die Erde gehen, so lernen die Bewohner des Erdkreises Gerechtigkeit.** *Jesaja 26,9*

Der Samen gibt dem Sämann und Brot zur Speise, der wird auch euch Samen geben und ihn mehren und wachsen lassen die Früchte eurer Gerechtigkeit. *2. Korinther 9,10*

Du, Freund der Menschen, guter Hirt, du weißt, wie leicht man sich verirrt, wie oft man sich verschätzt, falsch wählt, das Maß verliert, das Ziel verfehlt. Komm uns zu Hilfe, schöner Stern. Dich wollen wir anschauen gern. O Sonn', geh auf, ohn' deinen Schein in Finsternis wir alle sein. Eugen Eckert/Friedrich Spee

Kl: Hosea 14,2–10 :: Bl: Jesaja 65,17–25

15. Dienstag Salomo betete: **So hast du an deinem Diener, meinem Vater David, gehandelt. Der heutige Tag ist Zeuge dafür, dass du dein Versprechen gehalten hast.** *1. Könige 8,24*

Gelobt sei der Herr, der Gott Israels! Denn er hat besucht und erlöst sein Volk und hat uns aufgerichtet ein Horn des Heils im Hause seines Dieners David. *Lukas 1,68–69*

Hosianna, Davids Sohn, sei gesegnet deinem Volk! Gründe nun dein ewig Reich, Hosianna in der Höh! Hosianna, Davids Sohn, sei gesegnet deinem Volk!
13,2 Friedrich Heinrich Ranke

Kl: Matthäus 3,7–12 :: Bl: Jesaja 66,1–4

16. Mittwoch **Du bist der Gott, der Wunder tut, du hast deine Macht bewiesen unter den Völkern.** *Psalm 77,15*

Gott wollte seinen Heiligen kundtun, was der herrliche Reichtum dieses Geheimnisses unter den Völkern ist, nämlich Christus in euch, die Hoffnung der Herrlichkeit. *Kolosser 1,26–27*

Großer König, Deine Hände halten Anfang, Mitt' und Ende, halten uns in Ewigkeit. Du bist in die Welt gekommen, hast die Menschheit angenommen. Mache uns für Dich bereit! Andreas Tasche

Kl: Jesaja 45,1–8 :: Bl: Jesaja 66,5–17

17. Donnerstag **Es gibt eine Hoffnung für deine Zukunft, spricht der HERR.** *Jeremia 31,17*

Siehe, ich stehe vor der Tür und klopfe an. Wenn jemand meine Stimme hören wird und die Tür auftun, zu dem werde ich hineingehen und das Abendmahl mit ihm halten und er mit mir.

Offenbarung 3,20

Seht da, es kommt der Bräutigam! Wir gehen ihm entgegen und zünden unsre Lampen an als Licht auf dunklen Wegen. Der Herr zieht ein, die Nacht flieht weit, die Tore stehen offen, das Freudenfest ist uns bereit, die wir auf Christus hoffen.

Johann Amos Comenius/Benigna Carstens

Kl: Lukas 1,26–38 :: Bl: Jesaja 66,18–24

18. Freitag **Höret des HERRN Wort! Der HERR rechtet mit denen, die im Lande wohnen; denn es gibt keine Treue, keine Liebe und keine Erkenntnis Gottes im Lande.** *Hosea 4,1*

Tut Buße, denn das Himmelreich ist nahe herbeigekommen! *Matthäus 3,2*

Gott liebt die Welt mit ihrer Schuld. Gott liebt die Welt und hat Geduld. Weil sich die Welt von Gott gewandt, hat Gott der Welt den Sohn gesandt. Gott wird ein Mensch wie du und ich. Gott wird ein Mensch, erniedrigt sich. Weil sich der Mensch als Unmensch gibt, wird Gott ein Mensch, der alle liebt.

BG 153,1.2 Dieter Frettlöh

Kl: 2. Korinther 1,18–22 :: Bl: Lukas 1,1–17

19. Samstag **Deine Augen sahen mich, da ich noch nicht bereitet war, und alle Tage waren in dein Buch geschrieben, die noch werden sollten.** *Psalm 139,16*

Freut euch, dass eure Namen im Himmel geschrieben sind. *Lukas 10,20*

Da ich noch nicht geboren war, da bist du mir geboren und hast mich dir zu eigen gar, eh ich dich kannt, erkoren. Eh ich durch deine Hand gemacht, da hast du schon bei dir bedacht, wie du mein wolltest werden.

37,2 Paul Gerhardt

Kl: Jesaja 11,10–13 :: Bl: Lukas 1,18–25

---

4. SONNTAG IM ADVENT

Freuet euch in dem Herrn allewege, und abermals sage ich: Freuet euch! Der Herr ist nahe!

Philipper 4,4.5b

Wochenlied: 9 oder 19
Ev: Lukas 1,26–38(39–56) :: Ep: Philipper 4,4–7
AT: Jesaja 62,1–5 :: Pr: 1. Mose 18,1–2.9–15 :: Bl: Psalm 130

20. Sonntag **Die dein Heil lieben, lass allewege sagen: Der HERR sei hoch gelobt!** *Psalm 40,17*

Er hat uns dazu vorherbestimmt, seine Kinder zu sein durch Jesus Christus nach dem Wohlgefallen seines Willens. *Epheser 1,5*

Du unser Heil und höchstes Gut, vereinest dich mit Fleisch und Blut, wirst unser Freund und Bruder hier, und Gottes Kinder werden wir.
42,6 Christian Fürchtegott Gellert

21. Montag **Dies Volk naht mir mit seinem Munde und ehrt mich mit seinen Lippen, aber ihr Herz ist fern von mir.** *Jesaja 29,13*

Meine Kinder, lasst uns nicht lieben mit Worten noch mit der Zunge, sondern mit der Tat und mit der Wahrheit. *1. Johannes 3,18*

Lippenbekenntnis: keine Erkenntnis, auch kein Geständnis, es nennt nichts, es verrennt sich, aber es bewegt nichts, nur der Mund regt sich, doch das Herz sagt nichts, und die Hand wagt's nicht. Deshalb, Schwestern und Brüder, lasst uns bekennen, was das Herz hört, benennen, was den Frieden stört, helfen mit der Hand und: singen mit Herz und Mund. Friedrich Waas

Kl: Offenbarung 3,7.8.10.11(12) :: Bl: Lukas 1,26–38

22. Dienstag **Gott, du bleibst, wie du bist, und deine Jahre nehmen kein Ende.** *Psalm 102,28*

Ich bin das A und das O, spricht Gott der Herr, der da ist und der da war und der da kommt, der Allmächtige. *Offenbarung 1,8*

Wer von uns wird Weihnachten recht feiern? Wer alle Gewalt, alle Ehre, alles Ansehen, alle Eitelkeit, allen Hochmut, alle Eigenwilligkeit endlich niederlegt an der Krippe, wer sich hält zu den Niedrigen und Gott allein hoch sein lässt. Dietrich Bonhoeffer

Kl: Offenbarung 22,16.17.20.21 :: Bl: Lukas 1,39–56

23. Mittwoch **Ich liege und schlafe und erwache; denn der HERR hält mich.** *Psalm 3,6*

Wahrlich, ich sage euch: Wer das Reich Gottes nicht empfängt wie ein Kind, der wird nicht hineinkommen. *Markus 10,15*

Du hast in Christus dich für mich entschieden. So liege ich und schlafe ganz mit Frieden. Denn du allein, was ich auch immer tue, bist meine Ruhe.

BG 822,5 Detlev Block

Kl: Jesaja 7,10–14 :: Bl: Lukas 1,57–66

HEILIGER ABEND

Fürchtet euch nicht! Siehe, ich verkündige euch große Freude, die allem Volk widerfahren wird; denn euch ist heute der Heiland geboren, welcher ist Christus, der Herr, in der Stadt Davids. *Lukas 2,10b.11*

Lied: 24 oder 27

Ev: Lukas 2,1–20 :: Ep: Galater 4,4–7

AT: Jesaja 9,1–6 :: Pr: Jesaja 11,1–12 :: Bl: Lukas 1,67–80

---

24. Donnerstag **Meine Seele dürstet nach Gott, nach dem lebendigen Gott. Wann werde ich dahin kommen, dass ich Gottes Angesicht schaue?** *Psalm 42,3*

Da kamen Weise aus dem Morgenland nach Jerusalem und sprachen: Wo ist der neugeborene König der Juden? Wir haben seinen Stern aufgehen sehen und sind gekommen, ihn anzubeten. *Matthäus 2,1–2*

Ich steh an deiner Krippen hier, o Jesu, du mein Leben; ich komme, bring und schenke dir, was du mir hast gegeben. Nimm hin, es ist mein Geist und Sinn, Herz, Seel und Mut, nimm alles hin und lass dir's wohlgefallen.

37,1 Paul Gerhardt

WEIHNACHTSFEST

Das Wort ward Fleisch und wohnte unter uns, und wir sahen seine Herrlichkeit. *Johannes 1,14a*

Lied: 23 oder 45

Ev: Johannes 1,1–5.9–14(16–18) :: Ep: Titus 3,4–7

Pr/AT: Jesaja 52,7–10 :: Bl: Lukas 2,1–14

25. Freitag **Wohl dem Volk, dessen Gott der HERR ist!** *Psalm 144,15*

Siehe, ich verkündige euch große Freude, die allem Volk widerfahren wird; denn euch ist heute der Heiland geboren, welcher ist Christus, der Herr, in der Stadt Davids. *Lukas 2,10–11*

Freuet euch, ihr Christen alle, freue sich, wer immer kann; Gott hat viel an uns getan. Freuet euch mit großem Schalle, dass er uns so hoch geacht', sich mit uns befreund't gemacht. Freude, Freude über Freude: Christus wehret allem Leide. Wonne, Wonne über Wonne: Christus ist die Gnadensonne.

34,1 Christian Keimann

2. WEIHNACHTSTAG

Lied: 32 oder 39
Ev: Matthäus 1,18–25 :: Pr/Ep: Hebräer 1,1–4(5–14)
AT: Jesaja 7,10–14 :: Bl: Lukas 2,15–20

STEPHANUSTAG

Der Tod seiner Heiligen wiegt schwer vor dem HERRN. Dir will ich Dankopfer bringen und des HERRN Namen anrufen. *Psalm 116,15.17*

Lied: 137 oder 154
Ev: Matthäus 10,16–22
Ep: Apostelgeschichte 6,8–15;7,(1–54)55–60
AT: 2. Chronik 24,19–21 :: Pr: Offenbarung 7,9–12(13–17)

26. Samstag **Siehe, ich will sie heilen und gesund machen und will ihnen dauernden Frieden gewähren.**
Jeremia 33,6

Die Hirten sprachen untereinander: Lasst uns nun gehen gen Bethlehem und die Geschichte sehen, die da geschehen ist, die uns der Herr kundgetan hat.
Lukas 2,15

Seht, die gute Zeit ist nah, Gott kommt auf die Erde, kommt und ist für alle da, kommt, dass Friede werde. Hirt und König, Groß und Klein, Kranke und Gesunde, Arme, Reiche lädt er ein, freut euch auf die Stunde.
18,1.2 Friedrich Walz

1. SONNTAG NACH WEIHNACHTEN

Wir sahen seine Herrlichkeit, eine Herrlichkeit als des eingeborenen Sohnes vom Vater, voller Gnade und Wahrheit. *Johannes 1,14b*

Wochenlied: 34 oder 36

Pr/Ev: Lukas 2,(22–24)25–38(39–40)

Ep: 1. Johannes 1,1–4 :: AT: Jesaja 49,13–16 :: Bl: Psalm 2

27. Sonntag **Wohl dem, der seine Hoffnung setzt auf den HERRN!** *Psalm 40,5*

Umso fester haben wir das prophetische Wort, und ihr tut gut daran, dass ihr darauf achtet als auf ein Licht, das da scheint an einem dunklen Ort, bis der Tag anbricht und der Morgenstern aufgeht in euren Herzen. *2. Petrus 1,19*

Leucht uns entgegen mit deinem Licht, Gott der Klarheit. Befreie uns von der düsteren Sicht. Belebe unsere Welt mit deinen Farben. Walter Jens

28. Montag **Gott der HERR hat mir eine Zunge gegeben, wie sie Jünger haben, dass ich wisse mit den Müden zu rechter Zeit zu reden.** *Jesaja 50,4*

Auch wir können trösten, die in allerlei Bedrängnis sind, mit dem Trost, mit dem wir selber getröstet werden von Gott. *2. Korinther 1,4*

Wenn der Trost, den wir geben, uns weiter trägt und der Schmerz, den wir teilen, zur Hoffnung wird, dann hat Gott unter uns schon sein Haus gebaut, dann wohnt er schon in unserer Welt. Ja, dann schauen wir heut schon sein Angesicht in der Liebe, die alles umfängt, in der Liebe, die alles umfängt. BG 465,4 Claus-Peter März

Kl: Matthäus 2,13–18 :: Bl: Lukas 2,21–24

29. Dienstag **Euch, die ihr meinen Namen fürchtet, soll aufgehen die Sonne der Gerechtigkeit und Heil unter ihren Flügeln.** *Maleachi 3,20*

Er kam in sein Eigentum; und die Seinen nahmen ihn nicht auf. Wie viele ihn aber aufnahmen, denen gab er Macht, Gottes Kinder zu werden: denen, die an seinen Namen glauben. *Johannes 1,11–12*

In Zeiten wie diesen, verfinstert von Gewalt und Terror, von Angst und Entsetzen, will ich mein Gesicht in die Sonne halten und mich durchwärmen lassen vom Licht, das Leben schafft und mich Mensch sein lässt. Denn in Zeiten wie diesen, wo es am Tage dunkel ist, ist es Zeit, aufzustehen im Namen dessen, der auferstand, als die Sonne am Ostermorgen aufging. Dorothea Rohde

Kl: 1. Johannes 4,11–16a :: Bl: Lukas 2,25–35

30. Mittwoch **Siehe, ich will einen neuen Himmel und eine neue Erde schaffen, dass man der vorigen nicht mehr gedenken wird.** *Jesaja 65,17*

Dein Reich komme. Dein Wille geschehe wie im Himmel so auf Erden. *Matthäus 6,10*

O komm, o Herr, bleib bis ans End, bis dass uns nichts mehr von dir trennt, bis dich, wie es dein Wort verheißt, der Freien Lied ohn Ende preist. Freut euch, freut euch, der Herr ist nah. Freut euch und singt Halleluja.
19,3 Otmar Schulz/Henry Sloane Coffin

Kl: Jesaja 63,7–14 :: Bl: Lukas 2,36–40

ALTJAHRSABEND

Meine Zeit steht in deinen Händen. *Psalm 31,16*a

Lied: 58 oder 65

Ev: Matthäus 13,24–30 :: Ep: Römer 8,31b–39

AT: Prediger 3,1–15 :: Pr: 2. Mose 13,20–22

Bl: Lukas 2,41–52

---

31. Donnerstag **Der Herr hört mein Flehen; mein Gebet nimmt der Herr an.** *Psalm 6,10*

Bittet, so werdet ihr empfangen, auf dass eure Freude vollkommen sei. *Johannes 16,24*

Nun lasst uns gehn und treten mit Singen und mit Beten zum Herrn, der unserm Leben bis hierher Kraft gegeben. Lass ferner dich erbitten, o Vater, und bleib mitten in unserm Kreuz und Leiden ein Brunnen unsrer Freuden. 58,1.8 Paul Gerhardt

Kontakte zur Herrnhuter Brüdergemeine

Als 1731 das erste Losungsbuch gedruckt wurde, war die von Glaubensflüchtlingen gegründete Siedlung Herrnhut noch keine zehn Jahre alt. Wenig später gingen die ersten Herrnhuter als Missionare in die Karibik. Heute ist die Evangelische Brüder-Unität eine kleine internationale Freikirche. Die Europäisch-Festländische Brüder-Unität ist eine ihrer Kirchenprovinzen mit vielen Aufgaben. Für mehr Informationen und Kontakte innerhalb Deutschlands nutzen Sie bitte die Postkarte im Innenteil des Losungsbuches oder eine der folgenden Adressen.

Herrnhuter Brüdergemeine
Evangelische Brüder-Unität
Zittauer Straße 20, 02747 Herrnhut
Tel. 035873/487-0, Fax -99
E-Mail: info@ebu.de

Evangelische Brüder-Unität
Badwasen 6, 73087 Bad Boll
Tel. 07164/9421-0, Fax -99
E-Mail: brueder-unitaet.bb@ebu.de

www.herrnhuter.de
www.losungen.de

Spenden für die Losungsarbeit:
IBAN: DE60 5206 0410 0000 4159 28
BIC (Swift Code) GENODEF1EK1
Stichwort: Losungsspende

Herrnhuter Missionshilfe
Badwasen 6, 73087 Bad Boll
Tel. 07164/9421-90, Fax -99
E-Mail: info@herrnhuter-missionshilfe.de
www.herrnhuter-missionshilfe.de

Spenden für die Arbeit der Herrnhuter Missionshilfe:
IBAN: DE25 5206 0410 0000 4151 03
BIC (Swift Code) GENODEF1EK1
Stichwort: Herrnhuter Missionshilfe

Graf-Zinzendorf-Stiftung
Zittauer Straße 20, 02747 Herrnhut
Tel. 035873/487-0, Fax -99
E-Mail: stiftung@zinzendorf.de
www.graf-zinzendorf-stiftung.de
Spenden für die Graf-Zinzendorf-Stiftung:
IBAN DE60 3506 0190 1567 4870 12
BIC (Swift Code) GENODED1DKD

Diakonie
Stiftung **»Herrnhuter Diakonie«**
Zittauer Straße 19, 02747 Herrnhut
Tel. 035873/46-0, Fax -299
www.herrnhuter-diakonie.de

Stiftung **Diakonissenanstalt EMMAUS**
Bautzener Straße 21, 02906 Niesky
Tel. 03588/264-0, Fax -333
www.emmaus-niesky.de

Betriebe
Herrnhuter Sterne GmbH
Oderwitzer Straße 8, 02747 Herrnhut
Tel. 035873/364-0, Fax -35
E-Mail: info@herrnhuter-sterne.de
www.herrnhuter-sterne.de

Comenius-Buchhandlung
Comeniusstraße 2, 02747 Herrnhut
Tel. 035873/2253, Fax 40544
E-Mail: comenius-buchhandlung@ebu.de
www.comeniusbuchhandlung.de

Schulen

Zinzendorfschulen Königsfeld
Gymnasien, Realschule, Berufliche Schulen mit Internat
Mönchweilerstraße 5, 78126 Königsfeld
Tel. 07725/938160
E-Mail: info@zinzendorfschulen.de
www.zinzendorfschulen.de

Zinzendorfschule Tossens
Gymnasium und Oberschule
Auf dem Int 7, 26969 Butjadingen
Tel. 04736/9295-0
E-Mail: schule@zinzendorfschule.de
www.zinzendorfschule.de.

Evangelische Zinzendorfschulen Herrnhut
Gymnasium und Oberschule
Zittauer Straße 2, 02747 Herrnhut
Tel. 035873/481-0, Fax -25,
E-Mail: kontakt@ezsh.de
www.ezsh.de

Gästehäuser und Führungen

KOMENSKÝ Gäste- und Tagungshaus
Comeniusstraße 8-10, 02747 Herrnhut
Tel. 035873/338-40, Fax -59
E-Mail: info@komensky.de
www.komensky.de

Rüstzeitenheim Haus Sonnenschein
Lobensteiner Straße 13,
07929 Saalburg-Ebersdorf,
Tel. 036651/87142, Fax 385795
E-Mail: rzs@bruedergemeine.net
www.bruedergemeine.net

Gästearbeit der Herrnhuter Brüdergemeine
Zinzendorfplatz 4, 02747 Herrnhut
Tel. 035873/30677
gaestearbeit@ebu.de

Pfarrämter der Brüdergemeine

01127 Dresden, Oschatzer Straße 41
Tel. 0351/8489804
02625 Bautzen-Kleinwelka, Zinzendorfplatz 5
Tel. 035935/20819
02747 Herrnhut, Comeniusstraße 3
Tel. 035873/33604
02906 Niesky, Zinzendorfplatz 2
Tel. 03588/202995
03046 Cottbus, Straße der Jugend 94
Tel. 0355/4946782
03149 Forst, Blumenstraße 3
Tel. 03562/8014
07929 Saalburg-Ebersdorf
Lobensteiner Straße 16
Tel. 036651/87006
08058 Zwickau, Clara-Zetkin-Straße 20
über Tel. 036651/87006
12043 Berlin, Kirchgasse 14/17
Tel. 030/68809122
22087 Hamburg, Armgartstraße 20
Tel. 040/2299965
33607 Bielefeld, Lohkampstraße 7
Tel. 0521/65927
39249 Gnadau, Barbyer Straße 6
Tel. 03928/400050
49824 Neugnadenfeld
Herrnhuter Ring 22
Tel. 05944/1800
56564 Neuwied, Friedrichstraße 43
Tel. 02631/899821
60487 Frankfurt/Main, Mulanskystraße 21, Tel. 069/709831
63654 Büdingen, Herrnhaag 2
Tel. 06042/97990
73087 Bad Boll, Herrnhuter Weg 6
Tel. 07164/912550
78126 Königsfeld, Zinzendorfplatz 2
Tel. 07725/938218
99192 Neudietendorf, Kirchstraße 13
Tel. 036202/78620

Unsere Unitätsgebetswacht

Das Losungsbuch hat Leser auf allen Kontinenten gefunden. Wir sind daher mit Menschen verschiedenster Kulturen und Sprachen im Hören und Bedenken des jeweiligen Gotteswortes verbunden. Verbunden sind wir auch im Gebet zu unserem gemeinsamen Herrn und Heiland.

In der Brüdergemeine hat sich dafür eine besondere Form herausgebildet, die Unitätsgebetswacht. Die Wurzeln liegen im Stundengebet des alten Herrnhut. Damals fanden sich Brüder und Schwestern bereit, an allen Stunden des Tages im Gebet vor den Herrn zu treten. Diese Gebetsform wurde 1956/57 neu belebt. Alle Provinzen der Brüder-Unität sind an diesem Gebet beteiligt, sodass eine Gebetskette entstanden ist, die vom 1. Januar bis zum 31. Dezember jedes Jahres reicht. Die folgende Übersicht zeigt den Verlauf der Gebetskette durch das Jahr.

1. Januar–18. Januar:
USA, Südprovinz

19. Januar–23. Januar:
Costa Rica

24. Januar–31. Januar:
Guyana

1. Februar–3. Februar:
Tschechische Republik, Missionsprovinz

4. Februar–7. Februar:
Tschechische Republik, Unitätsprovinz

8. Februar–25. Februar:
Surinam

26. Februar–14. März:
Tansania, Westprovinz

15. März–22. März:
Alaska

23. März–2. April:
Europäisch-Festländische Brüder-Unität und Unitätswerk auf dem **Sternberg**

3. April–17. April:
Westindien-Ost

18. April–19. April:
Labrador

20. April–7. Mai:
Jamaika

8. Mai–25. Mai:
Honduras, Unitätsprovinz

26. Mai–31. Mai:
Honduras, Missionsprovinz

1. Juni–25. Juni:
Südafrika

26. Juni–9. Juli:
Großbritannien und Missionsgebiet in **Nordindien** und **Nepal**

10. Juli–23. Juli:
Tansania, Rukwa-Provinz

24. Juli–31. Juli:
Tansania, Ostprovinz

1. August–9. August:
Tansania, Provinz am Tanganyikasee

10. August–16. August:
Burundi

17. August–6. September:
Tansania, Südprovinz

7. September–5. Oktober:
Nikaragua

6. Oktober–10. Oktober:
Tansania, Nordprovinz

11. Oktober–16. Oktober:
Kuba

17. Oktober–22. Oktober:
Malawi

23. Oktober–25. Oktober:
Sambia

26. Oktober–30. November:
Tansania, Südwestprovinz

1. Dezember–22. Dezember:
USA, Nordprovinz

23. Dezember–31. Dezember:
Kongo

Quellenverzeichnis

Lutherbibel 2017
Alle Losungen und Lehrtexte, Wochensprüche und Feiertagssprüche, die Jahreslosung und die Monatssprüche Januar, Februar, März, April, Juni, Juli, August, Oktober, November, Dezember aus: Lutherbibel, revidiert 2017, © 2016 Deutsche Bibelgesellschaft, Stuttgart

Zürcher Bibel 1931
Losungen: 08.07., 30.08., 08.11.

Zürcher Bibel 2007
Losungen: 10.01., 20.01., 20.02., 24.02., 26.03., 31.03., 07.05., 10.06., 12.06., 24.06., 07.07., 10.07., 17.07., 25.08., 05.11., 17.11., 27.11., 03.12., 17.12.
Lehrtexte: 05.02., 23.02., 15.04., 20.04., 10.07., 15.07., 07.08., 27.09., 04.10., 02.11., 07.11., 19.11., 25.11., 29.11.

Gute Nachricht Bibel
Gute Nachricht Bibel, durchgesehene Neuausgabe,
© 2018 Deutsche Bibelgesellschaft, Stuttgart
Losungen: 20.10., 25.11., 15.12.
Lehrtexte: 17.03., 26.08., 23.09.

Einheitsübersetzung
Monatssprüche: Mai, September

Dritte Texte

01.01. © Rechtsnachfolge Klaus-Peter Hertzsch
07.01. © Weltgebetstag der Frauen – Deutsches Komitee e.V.
09.01. © Raymund Weber 1982, Gotteslob Nr. 272,2
11.01. © Eberhard Röhring
12.01. © Verlag Herder GmbH, Freiburg i.Br.
17.01. © Evangelische Brüder-Unität
19.01. © Liliane Gerber
23.01. © Evangelische Brüder-Unität
25.01. Aus: Arno Pötzsch, Im Licht der Ewigkeit. Geistliche Lieder und Gedichte. Gesamtausgabe. Leinfelden-Echterdingen: Verlag Junge Gemeinde (2016^2), S. 244
29.01. © Vandenhoeck & Ruprecht
30.01. © Evangelische Brüder-Unität
01.02. »Wer Gottes Wort hört« (3. Strophe), Text: Jan Janssen; Musik: aus Israel; Textrechte: tvd-Verlag Düsseldorf
04.02. Aus: J. A. Comenius, Die uralte christliche catholische Religion. Amsterdam 1661, S. 502 ff.
07.02. Heinrich Giesen, Minutengebete. Stuttgart: Kreuz-Verlag 1974, S. 372, © Verlag Herder GmbH, Freiburg i. Br.
09.02. Wir strecken uns nach dir. Text: Friedrich Karl Barth. Musik: Peter Janssens. Aus: Wir fassen uns ein Herz, 1985. Alle Rechte im Peter Janssens Musik Verlag, Telgte-Westfalen
10.02. Christa Spilling-Nöker, Möge dich ein Engel auf deinen Wegen begleiten. Aus: dies., Ich schenke dir ein gutes Wort. © 2002 Verlag am Eschbach ein Unternehmen der Verlagsgruppe

Patmos in der Schwabenverlag AG, www.verlag-am-eschbach.de

13.02. Otto Riethmüller 1937 aus dem Lied »Wir werden seine Wunder sehn«, Lied von 1937 für Martin Niemöller im Gefängnis

14.02. Text: Eugen Eckert © Lahn-Verlag in der Butzon & Bercker GmbH, Kevelaer, www.lahn-verlag.de

20.02. Aus: Lothar Zenetti, In Seiner Nähe. Texte des Vertrauens (Topos Taschenbücher, Band 1018) © Matthias Grünewald Verlag der Schwabenverlag AG, Ostfildern 2015. www.verlagsgruppe-patmos.de

22.02. © Raymund Weber 1982, Gotteslob 272,2

02.03. Dein Wort; Text: Christoph Zehendner; Musik: Manfred Staiger; © Auf den Punkt, Siegen

07.03. © Rechtsnachfolge Walter Heinecke

09.03. Rechte: Verlag Singende Gemeinde, Wuppertal

15.03. Klüger © Text (Laubach): tvd-Verlag, Düsseldorf. © Text (Bailey) und Musik: Dyba Music, Alpen

18.03. Rechte: Verlag Singende Gemeinde, Wuppertal

22.03. Aus: »Der Lilienfeld und Vögel zu Gleichnissen erhob.« Gesangbuchlieder von Detlev Block. Strube-Verlag, München 1996

28.03. © Evangelische Brüder-Unität

29.03. Aus: Arno Pötzsch, Im Licht der Ewigkeit. Geistliche Lieder und Gedichte. Gesamtausgabe. Leinfelden-Echterdingen: Verlag Junge Gemeinde (2016²), S. 85

01.04. © Ateliers et Presses de Taizé, 71250 Taizé, Frankreich

05.04. Rechte: Verlag Singende Gemeinde, Wuppertal

09.04. © Vandenhoeck & Ruprecht

11.04. © edizione dolce musica

13.04. © Carus-Verlag, Stuttgart

15.04. Aus: Arno Pötzsch, Im Licht der Ewigkeit. Geistliche Lieder und Gedichte. Gesamtausgabe. Leinfelden-Echterdingen: Verlag Junge Gemeinde (2016²), S. 240

17.04. Aus: gemeinsam weitergehen, Liedheft 2. Ök. Kirchentag 2010, Nr. 63 © beim Autor

18.04. © Rechtsnachfolge Walter Heinecke

24.04. Aus: Arno Pötzsch, Im Licht der Ewigkeit. Geistliche Lieder und Gedichte. Gesamtausgabe. Leinfelden-Echterdingen: Verlag Junge Gemeinde (2016²), S. 81

26.04. Ich lobe meinen Gott; Text: Hans-Jürgen Netz; Musik: Christoph Lehmann aus: Exodus, 1979; alle Rechte im tvd-Verlag Düsseldorf

28.04. © Evangelische Brüder-Unität, Comenius Lieder 1992, Nr. 3

03.05. © beim Autor

06.05. © Jesus-Bruderschaft Gnadenthal

08.05. © Kurt Marti/Arnim Juhre (1966)

11.05. Margot Käßmann (Hg.), In Gottes Hand gehalten. Verlag Herder GmbH Freiburg 3. Auflage 2011, S. 200 (Ausschnitt) © bei der Autorin

12.05. © beim Autor

15.05. Aus: Arno Pötzsch, Im Licht der Ewigkeit. Geistliche Lieder und Gedichte. Gesamtausgabe. Leinfelden-Echterdingen: Verlag Junge Gemeinde (2016²)

17.05. Aus: gemeinsam weitergehen, Liedheft 2. Ök. Kirchentag 2010, Nr. 63 © beim Autor

25.05. © Jörg Zink

28.05. Aus der Tiefe rufe ich zu dir; Text: Uwe Seidel; Musik: Oskar Gottlieb Blarr; aus: Wenn der Stacheldraht blüht, 1981; alle Rechte im tvd-Verlag, Düsseldorf

29.05. Lindolfo Weingärtner, Netz der Hoffnung. Erlanger Verlag für Mission und Ökumene, Neuendettelsau 1980, S. 87

01.06. © Evangelische Brüder-Unität

06.06. Quelle: Wie wir feiern können, S. 40 (J. Zink, H. J. Hufeisen, 1992) © dolce musica edizione – Zürich

08.06. © Verlag Herder GmbH, Freiburg i.Br.

11.06. © Verlag Herder GmbH, Freiburg i.Br.

12.06. © Verlag Herder GmbH, Freiburg i.Br.

13.06. © Vandenhoeck & Ruprecht

14.06. Aus Detlev Block: »Wann ist unser Mund voll Lachen?« Quell-Verlag, Stuttgart 1986

16.06. Clemens Frey, Zwiegespräche. Verlag Johannes Petri, Basel 2012, S. 24
18.06. © Rechtsnachfolge Klaus-Peter Hertzsch
20.06. Aus: Singen von deiner Gerechtigkeit. Das Gesangbuch in gerechter Sprache. Gütersloher Verlagshaus 2005, S. 21 © Hanne Köhler
25.06. Aus: Arno Pötzsch, Im Licht der Ewigkeit. Geistliche Lieder und Gedichte. Gesamtausgabe. Leinfelden-Echterdingen: Verlag Junge Gemeinde (2016²), S. 446
30.06. Rechte: Verlag Singende Gemeinde, Wuppertal
07.07. © Graphikum Dr. Mock Nachfolge
09.07. Rechte: Verlag Singende Gemeinde, Wuppertal
13.07. Rechte: aus Marie Hüsing, Gott liebt unsere leeren Hände, S. 18 © 1992 Kawohl Verlag, Wesel
18.07. Rechte: Verlag Singende Gemeinde, Wuppertal
19.07. Clemens Frey, Zwiegespräche. Verlag Johannes Petri, Basel 2012, S. 34 (Ausschnitt)
21.07. © Petra Bokförlag Stockholm
26.07. © Weltgebetstag der Frauen – Deutsches Komitee e.V.
29.07. Hanns Dieter Hüsch: Was macht, dass ich so fröhlich bin; aus: Hanns Dieter Hüsch/Uwe Seidel; Ich stehe unter Gottes Schutz, Seite 140, 2018/16 © tvd-Verlag Düsseldorf, 1996
07.08. Albert Bartsch: Wir preisen Gottes Namen. Lobpreis und Verkündigung im Kirchenjahr © Evangelische Verlagsanstalt Berlin, 1955
10.08. © Erlanger Verlag für Mission und Ökumene, Neuendettelsau
16.08. Rechte: Verlag Singende Gemeinde, Wuppertal
17.08. Unser Leben sei ein Fest. Text: Josef Metternich Team. Musik: Peter Janssens. Aus: Wir haben einen Traum, 1972. Alle Rechte im Peter Janssens Musik Verlag, Telgte-Westfalen
21.08. Herr, wir bitten: Komm und segne uns; Text & Melodie: Peter Strauch © 1977 SCM Hänssler, Holzgerlingen
23.08. Gott hört dein Gebet; Originaltitel: He Will Listen To You; Text und Musik: Mark Heard; Dt. Text: Christoph Zehendner © 1983 Word Music LLC; Für D, A, CH: Small Stone Media Germany GmbH
25.08. Ich danke dir mein Gott (Du hast mir so oft neuen Mut gegeben); Text: Jörg Swoboda & Theo Lehmann; Melodie: Jörg Swoboda © 1990 SCM Hänssler, 71087 Holzgerlingen
30.08. frei und unverzagt. Gebete der Hoffnung © Kreuz-Verlag GmbH, Hamburg 2017, S. 93–94 (Ausschnitt)
03.09. Martin Gotthard Schneider (Rechtsnachfolger)
08.09. © beim Autor
09.09. Text: Liselotte Corbach 1953 © mundorgel verlag gmbh Lindlar
11.09. Aus: Huub Oosterhuis, Dein Trost ist nah. Wien: Herder & Co. 1978, S. 44 © Verlag Herder GmbH, Freiburg i. Br.
12.09. © bei der Autorin
13.09. Herr, wir bitten: Komm und segne uns; Text & Melodie: Peter Strauch © 1977 SCM Hänssler, Holzgerlingen
14.09. © Erlanger Verlag für Mission und Ökumene, Neuendettelsau
15.09. © Rechtsnachfolge Klaus-Peter Hertzsch
18.09. © Evangelische Brüder-Unität
20.09. Hermann Klenk, Achtung: Eltern altern! Predigt zum 4. Gebot, in: Salzkorn 3-2006, Offensive Junger Christen – OJC e.V., www.ojc.de
23.09. © Strube-Verlag, München
25.09. © beim Autor
26.09. © beim Autor
02.10. Ich lobe meinen Gott; Text: Hans-Jürgen Netz; Musik: Christoph Lehmann; aus: Exodus, 1979; alle Rechte im tvd-Verlag, Düsseldorf
03.10. © Theologischer Verlag Zürich
07.10. © Evangelische Brüder-Unität
10.10. © Interkerkelijke Stichting voor het Kerklied
20.10. © Walter Klaiber
21.10. Aus: Jeden Augenblick segnen. Verlag am Eschbach 2008, 2. Auflage S. 14, © bei der Autorin
24.10. Auszug aus: Jörg Zink, Wie wir beten können © 2008 Verlag Herder GmbH, Freiburg i.Br., S. 47
25.10. Rechte: Verlag Singende Gemeinde, Wuppertal

26.10. Aus: »Der Lilienfeld und Vögel zu Gleichnissen erhob.« Gesangbuchlieder von Detlev Block. Strube-Verlag, München 1996
30.10. © Strube-Verlag, München
02.11. © beim Autor
11.11. © Verlag Herder GmbH, Freiburg i.Br.
16.11. © Weltgebetstag der Frauen – Deutsches Komitee e.V.
19.11. Charles Wesley/Ulrike Voigt; © Öffentlichkeitsarbeit der Evangelisch-methodistischen Kirche
20.11. © Evangelische Brüder-Unität
24.11. © Carus-Verlag, Stuttgart
25.11. Text: Liselotte Corbach 1953 © mundorgel verlag gmbh Lindlar
28.11. »ganz bei Trost«; Text: Christoph Zehendner; Musik: Manfred Staiger © 2015 Auf den Punkt, Siegen
30.11. © Verlag Herder GmbH, Freiburg i.Br.
03.12. Martin Gotthard Schneider (Rechtsnachfolger)
04.12. © Evangelische Brüder-Unität
07.12. © Erlanger Verlag für Mission und Ökumene, Neuendettelsau
14.12. © Strube-Verlag, München
16.12. Andreas Tasche, Großer König, Deine Hände. Mit freundlicher Genehmigung des Autors.
17.12. © Evangelische Brüder-Unität
18.12. Rechte: Verlag Singende Gemeinde, Wuppertal
21.12. © Evangelische Brüder-Unität
23.12. Aus: »Der Lilienfeld und Vögel zu Gleichnissen erhob.« Gesangbuchlieder von Detlev Block. Strube-Verlag, München 1996
26.12. © Erlanger Verlag für Mission und Ökumene, Neuendettelsau
28.12. © beim Autor
29.12. © Evangelische Brüder-Unität
30.12. Rechte: Verlag Singende Gemeinde, Wuppertal

Wir danken den Verlagen und Autoren für die freundliche Abdruckgenehmigung der Texte. In einzelnen Fällen konnten die Rechteinhaber nicht ermittelt werden. Wir bitten um Hinweise an den Verlag, mögliche Honoraransprüche werden gerne abgegolten.

Texte aus der Redaktion sind mit * gekennzeichnet.

Kalendarium 2020

JANUAR

1	**Neujahr**		1
2	Do		
3	Fr	🌓	
4	Sa		
5	**2. So. n. Weihnachten**		2
6	**Epiphanias**		
7	Di		
8	Mi		
9	Do		
10	Fr	🌕	
11	Sa		
12	**1. So. n. Epiphanias**		3
13	Mo		
14	Di		
15	Mi		
16	Do		
17	Fr	🌗	
18	Sa		
19	**2. So. n. Epiphanias**		4
20	Mo		
21	Di		
22	Mi		
23	Do		
24	Fr	🌑	
25	Sa		
26	**3. So. n. Epiphanias**		5
27	Mo		
28	Di		
29	Mi		
30	Do		
31	Fr		

FEBRUAR

1	Sa		
2	**Letzter So. n. Epiphanias**	🌓	6
3	Mo		
4	Di		
5	Mi		
6	Do		
7	Fr		
8	Sa		
9	**Septuagesimae**	🌕	7
10	Mo		
11	Di		
12	Mi		
13	Do		
14	Fr		
15	Sa	🌗	
16	**Sexagesimae**		8
17	Mo		
18	Di		
19	Mi		
20	Do		
21	Fr		
22	Sa		
23	**Estomihi**	🌑	9
24	Mo		
25	Di		
26	**Beginn der Passionszeit**		
27	Do		
28	Fr		
29	Sa		

MÄRZ

1	**Invokavit**		10
2	Mo	🌓	
3	Di		
4	Mi		
5	Do		
6	**Weltgebetstag**		
7	Sa		
8	**Reminiszere**		11
9	Mo	🌕	
10	Di		
11	Mi		
12	Do		
13	Fr		
14	Sa		
15	**Okuli**		12
16	Mo	🌗	
17	Di		
18	Mi		
19	Do		
20	Fr		
21	Sa		
22	**Lätare**		13
23	Mo		
24	Di	🌑	
25	Mi		
26	Do		
27	Fr		
28	Sa		
29	**Judika**		14
30	Mo		
31	Di		

APRIL

1	Mi	🌓	
2	Do		
3	Fr		
4	Sa		
5	**Palmsonntag**		15
6	Mo		
7	Di		
8	Mi	🌕	
9	**Gründonnerstag**		
10	**Karfreitag**		
11	Sa		
12	**Osterfest**		16
13	**Ostermontag**		
14	Di		
15	Mi	🌗	
16	Do		
17	Fr		
18	Sa		
19	**Quasimodogeniti**		17
20	Mo		
21	Di		
22	Mi		
23	Do	🌑	
24	Fr		
25	Sa		
26	**Miserikordias Domini**		18
27	Mo		
28	Di		
29	Mi		
30	Do	🌓	

MAI

1	Fr		
2	Sa		
3	**Jubilate**		19
4	Mo		
5	Di		
6	Mi		
7	Do	🌕	
8	Fr		
9	Sa		
10	**Kantate**		20
11	Mo		
12	Di		
13	Mi		
14	Do	🌗	
15	Fr		
16	Sa		
17	**Rogate**		21
18	Mo		
19	Di		
20	Mi		
21	**Himmelfahrt**		
22	Fr	🌑	
23	Sa		
24	**Exaudi**		22
25	Mo		
26	Di		
27	Mi		
28	Do		
29	Fr		
30	Sa	🌓	
31	**Pfingstfest**		23

JUNI

1	**Pfingstmontag**		
2	Di		
3	Mi		
4	Do		
5	Fr	🌕	
6	Sa		
7	**Trinitatis**		24
8	Mo		
9	Di		
10	Mi		
11	**Fronleichnam**		
12	Fr		
13	Sa	🌗	
14	**1. So. n. Trinitatis**		25
15	Mo		
16	Di		
17	Mi		
18	Do		
19	Fr		
20	Sa		
21	**2. So. n. Trinitatis**	🌑	26
22	Mo		
23	Di		
24	**Johannistag**		
25	Do		
26	Fr		
27	Sa		
28	**3. So. n. Trinitatis**	🌓	27
29	Mo		
30	Di		

Kalendarium 2020

JULI

1 Mi
2 Do
3 Fr
4 Sa
5 **4. So. n. Trinitatis** 28

6 Mo
7 Di
8 Mi
9 Do
10 Fr
11 Sa
12 **5. So. n. Trinitatis** 29

13 Mo
14 Di
15 Mi
16 Do
17 Fr
18 Sa
19 **6. So. n. Trinitatis** 30

20 Mo
21 Di
22 Mi
23 Do
24 Fr
25 Sa
26 **7. So. n. Trinitatis** 31

27 Mo
28 Di
29 Mi
30 Do
31 Fr

AUGUST

1 Sa
2 **8. So. n. Trinitatis** 32

3 Mo
4 Di
5 Mi
6 Do
7 Fr
8 Sa
9 **9. So. n. Trinitatis** 33

10 Mo
11 Di
12 Mi
13 Do
14 Fr
15 Sa
16 **10. So. n. Trinitatis** 34

17 Mo
18 Di
19 Mi
20 Do
21 Fr
22 Sa
23 **11. So. n. Trinitatis** 35

24 Mo
25 Di
26 Mi
27 Do
28 Fr
29 Sa
30 **12. So. n. Trinitatis** 36

31 Mo

SEPTEMBER

1 Di
2 Mi
3 Do
4 Fr
5 Sa
6 **13. So. n. Trinitatis** 37

7 Mo
8 Di
9 Mi
10 Do
11 Fr
12 Sa
13 **14. So. n. Trinitatis** 38

14 Mo
15 Di
16 Mi
17 Do
18 Fr
19 Sa
20 **15. So. n. Trinitatis** 39

21 Mo
22 Di
23 Mi
24 Do
25 Fr
26 Sa
27 **16. So. n. Trinitatis** 40

28 Mo
29 **Michaelistag**
30 Mi

OKTOBER

1 Do
2 Fr
3 Sa
4 **17. So. n. Trinitatis**
Erntedankzeit 41

5 Mo
6 Di
7 Mi
8 Do
9 Fr
10 Sa
11 **18. So. n. Trinitati** 42

12 Mo
13 Di
14 Mi
15 Do
16 Fr
17 Sa
18 **19. So. n. Trinitatis** 43

19 Mo
20 Di
21 Mi
22 Do
23 Fr
24 Sa
25 **20. So. n. Trinitatis** 44

26 Mo
27 Di
28 Mi
29 Do
30 Fr
31 **Reformationstag**

NOVEMBER

1 **21. So. n. Trinitatis** 45

2 Mo
3 Di
4 Mi
5 Do
6 Fr
7 Sa
8 **Drittletzter So.**
im Kirchenjahr 46

9 Mo
10 Di
11 Mi
12 Do
13 Fr
14 Sa
15 **Vorletzter So.**
im Kirchenjahr 47

16 Mo
17 Di
18 **Buß- und Bettag**
19 Do
20 Fr
21 Sa
22 **Ewigkeitssonntag** 48

23 Mo
24 Di
25 Mi
26 Do
27 Fr
28 Sa
29 **1. Advent** 49

30 Mo

DEZEMBER

1 Di
2 Mi
3 Do
4 Fr
5 Sa
6 **2. Advent** 50

7 Mo
8 Di
9 Mi
10 Do
11 Fr
12 Sa
13 **3. Advent** 51

14 Mo
15 Di
16 Mi
17 Do
18 Fr
19 Sa
20 **4. Advent** 52

21 Mo
22 Di
23 Mi
24 **Heiliger Abend**
25 **Weihnachtsfest**
26 **Stephanstag**
27 **1. So.**
n. Weihnachten 53

28 Mo
29 Di
30 Mi
31 **Altjahrsabend**

Kalendarium 2021

JANUAR

1 **Neujahr**
2 Sa
3 **2. So. n. Weihnachten** 1
4 Mo
5 Di
6 **Epiphanias** ☾
7 Do
8 Fr
9 Sa
10 **1. So. n. Epiphanias** 2
11 Mo
12 Di
13 Mi ●
14 Do
15 Fr
16 Sa
17 **2. So. n. Epiphanias** 3
18 Mo
19 Di
20 Mi ☽
21 Do
22 Fr
23 Sa
24 **3. So. n. Epiphanias** 4
25 Mo
26 Di
27 Mi
28 Do ○
29 Fr
30 Sa
31 **Letzter So. n. Epiphanias** 5

FEBRUAR

1 Mo
2 Di
3 Mi
4 Do ☾
5 Fr
6 Sa
7 **Sexagesimae** 6
8 Mo
9 Di
10 Mi
11 Do ●
12 Fr
13 Sa
14 **Estomihi** 7
15 Mo
16 Di
17 **Beginn der Passionszeit**
18 Do
19 Fr ☽
20 Sa
21 **Invokavit** 8
22 Mo
23 Di
24 Mi
25 Do
26 Fr
27 Sa ○
28 **Reminiszere** 9

MÄRZ

1 Mo
2 Di
3 Mi
4 Do
5 **Weltgebetstag**
6 Sa ☾
7 **Okuli** 10
8 Mo
9 Di
10 Mi
11 Do
12 Fr
13 Sa ●
14 **Lätare** 11
15 Mo
16 Di
17 Mi
18 Do
19 Fr
20 Sa
21 **Judika** ☽ 12
22 Mo
23 Di
24 Mi
25 Do
26 Fr
27 Sa
28 **Palmsonntag** ○ 13
29 Mo
30 Di
31 Mi

APRIL

1 **Gründonnerstag**
2 **Karfreitag**
3 Sa
4 **Osterfest** ☾ 14
5 **Ostermontag**
6 Di
7 Mi
8 Do
9 Fr
10 Sa
11 **Quasimodogeniti** 15
12 Mo ●
13 Di
14 Mi
15 Do
16 Fr
17 Sa
18 **Miserikordias Domini** 16
19 Mo
20 Di ☽
21 Mi
22 Do
23 Fr
24 Sa
25 **Jubilate** 17
26 Mo
27 Di ○
28 Mi
29 Do
30 Fr

MAI

1 Sa
2 **Kantate** 18
3 Mo ☾
4 Di
5 Mi
6 Do
7 Fr
8 Sa
9 **Rogate** 19
10 Mo
11 Di ●
12 Mi
13 **Himmelfahrt**
14 Fr
15 Sa
16 **Exaudi** 20
17 Mo
18 Di
19 Mi ☽
20 Do
21 Fr
22 Sa
23 **Pfingstfest** 21
24 **Pfingstmontag**
25 Di
26 Mi ○
27 Do
28 Fr
29 Sa
30 **Trinitatis** 22
31 Mo

JUNI

1 Di
2 Mi ☾
3 **Fronleichnam**
4 Fr
5 Sa
6 **1. So. n. Trinitatis** 23
7 Mo
8 Di
9 Mi
10 Do ●
11 Fr
12 Sa
13 **2. So. n. Trinitatis** 24
14 Mo
15 Di
16 Mi
17 Do
18 Fr ☽
19 Sa
20 **3. So. n. Trinitatis** 25
21 Mo
22 Di
23 Mi
24 **Johannistag** ○
25 Fr
26 Sa
27 **4. So. n. Trinitatis** 26
28 Mo
29 Di
30 Mi

Kalendarium 2021

JULI

1 Do
2 Fr
3 Sa
4 **5. So. n. Trinitatis** 27
5 Mo
6 Di
7 Mi
8 Do
9 Fr
10 Sa
11 **6. So. n. Trinitatis** 28
12 Mo
13 Di
14 Mi
15 Do
16 Fr
17 Sa
18 **7. So. n. Trinitatis** 29
19 Mo
20 Di
21 Mi
22 Do
23 Fr
24 Sa
25 **8. So. n. Trinitatis** 30
26 Mo
27 Di
28 Mi
29 Do
30 Fr
31 Sa

AUGUST

1 **9. So. n. Trinitatis** 31
2 Mo
3 Di
4 Mi
5 Do
6 Fr
7 Sa
8 **10. So. n. Trinitatis** 32
9 Mo
10 Di
11 Mi
12 Do
13 Fr
14 Sa
15 **11. So. n. Trinitatis** 33
16 Mo
17 Di
18 Mi
19 Do
20 Fr
21 Sa
22 **12. So. n. Trinitatis** 34
23 Mo
24 Di
25 Mi
26 Do
27 Fr
28 Sa
29 **13. So. n. Trinitatis** 35
30 Mo
31 Di

SEPTEMBER

1 Mi
2 Do
3 Fr
4 Sa
5 **14. So. n. Trinitatis** 36
6 Mo
7 Di
8 Mi
9 Do
10 Fr
11 Sa
12 **15. So. n. Trinitatis** 37
13 Mo
14 Di
15 Mi
16 Do
17 Fr
18 Sa
19 **16. So. n. Trinitatis** 38
20 Mo
21 Di
22 Mi
23 Do
24 Fr
25 Sa
26 **17. So. n. Trinitatis** 39
27 Mo
28 Di
29 **Michaelistag**
30 Do

OKTOBER

1 Fr
2 Sa
3 **18. So. n. Trinitatis** 40
4 Mo
5 Di
6 Mi
7 Do
8 Fr
9 Sa
10 **19. So. n. Trinitatis** 41
11 Mo
12 Di
13 Mi
14 Do
15 Fr
16 Sa
17 **20. So. n. Trinitatis** 42
18 Mo
19 Di
20 Mi
21 Do
22 Fr
23 Sa
24 **21. So. n. Trinitatis** 43
25 Mo
26 Di
27 Mi
28 Do
29 Fr
30 Sa
31 **22. So. n. Trinitatis / Reformationstag** 44

NOVEMBER

1 Mo
2 Di
3 Mi
4 Do
5 Fr
6 Sa
7 **Drittletzter So. im Kirchenjahr** 45
8 Mo
9 Di
10 Mi
11 Do
12 Fr
13 Sa
14 **Vorletzter So. im Kirchenjahr** 46
15 Mo
16 Di
17 **Buß- und Bettag**
18 Do
19 Fr
20 Sa
21 **Ewigkeitssonntag** 47
22 Mo
23 Di
24 Mi
25 Do
26 Fr
27 Sa
28 **1. Advent** 48
29 Mo
30 Di

DEZEMBER

1 Mi
2 Do
3 Fr
4 Sa
5 **2. Advent** 49
6 Mo
7 Di
8 Mi
9 Do
10 Fr
11 Sa
12 **3. Advent** 50
13 Mo
14 Di
15 Mi
16 Do
17 Fr
18 Sa
19 **4. Advent** 51
20 Mo
21 Di
22 Mi
23 Do
24 **Heiliger Abend**
25 **Weihnachtsfest**
26 **Stephanustag** 52
27 Mo
28 Di
29 Mi
30 Do
31 **Altjahrsabend**